Martin Schneider

Kennst du Leo Tolstoi?

D1666677

Kennst du Leo Tolstoi?

Texte von Leo Tolstoi
für junge Leser ausgewählt
und vorgestellt von

Martin Schneider

Bertuch

Bertuchs Weltliteratur für junge Leser

HERAUSGEBER: Wolfgang Brekle

BAND 10: Kennst du Leo Tolstoi?

In der Reihe »Bertuchs Weltliteratur für junge Leser«
sind im gleichen Verlag bisher Bände über folgende
Schriftsteller erschienen: Rainer Maria Rilke,
E.T.A. Hoffmann, Heinrich Heine,
Heinrich von Kleist, Franz Kafka, Anna Seghers,
Erich Kästner, Friedrich Schiller und Fjodor Dostojewski.
Für das nächste Jahr sind unter anderem
auch je ein Band über einen französichen
und einen englischen Autor geplant.

Bertuch

© Bertuch Verlag GmbH Weimar 2011
www.bertuch-verlag.com
Alle Rechte vorbehalten.

REIHENGESTALTUNG: Graphische Betriebe Rudolf Keßner Weimar

UMSCHLAG: Rudolf Sittner, Cottbus: Collage unter Nutzung zweier Bilder
aus der Verfilmung von Tolstois »Krieg und Frieden«

GESAMTHERSTELLUNG: Graphische Betriebe Rudolf Keßner Weimar

ISBN: 978-3-937601-83-0

Inhalt

Ilja Repin: Leo Tolstoi (1887)

Ein großer Autor aus einem großen Reich

Kennst du Leo Tolstoi? – Vielleicht weißt du, dass er ein russischer Schriftsteller war, der dicke Romane geschrieben hat, aber schon vor langer Zeit gestorben ist. Vielleicht hast du eine der Verfilmungen seiner Werke gesehen, mit Audrey Hepburn und Peter Fonda. Vielleicht hast du gehört, dass er als einer der ganz Großen der Weltliteratur gilt wie Goethe und Shakespeare.

In der Tat zählt Leo Tolstoi zu den wichtigsten Schriftstellern der Welt; er wird in Russland gelesen wie auch in Deutschland, in Europa wie auch in Amerika; seine Werke sind in alle Kultursprachen übersetzt.

Moskau – die Basiliuskathedrale auf dem Roten Platz

Dieses Buch soll dir dabei helfen zu verstehen, worin seine Meisterschaft besteht, was den Reiz für Jung und Alt ausmacht, was den Leser erwartet, der sich auf eine längere Begegnung mit Tolstoi einlässt. Und was gerade für uns Deutsche das Ganze noch spannender macht.

Dich erwarten auf den folgenden Seiten aber nicht nur »Appetit-Häppchen« aus dem umfangreichen Werk, sondern auch eine ganze Reihe von Hinweisen und Erläuterungen zum Land und zu der Zeit, in der die Texte entstanden sind und in der die Handlung fast ausnahmslos spielt. Die Notwendigkeit solcher Hilfen leuchtet vielleicht nicht sofort ein – die Russen sind uns doch nicht fremd, sie sind quasi unsere Nachbarn, leben z. T. auch in Deutschland, sehen aus wie wir, sind Europäer, sprechen eine indogermanische Sprache, sind Christen, sind wichtige Partner in Handel, Kultur und Sport.

Und doch ist vieles anders. Warum findet man unterschiedliche Schreibweisen des Namens unseres Autors: Leo Tolstoi, Leo Tolstoj, Lev Tolstoj. Warum stehen in seiner Biographie zwei Geburts- und zwei Sterbedaten? – Du siehst, schon bei der ersten Begegnung mit Russland tauchen zahlreiche Fragen auf, die du nach der Lektüre dieses Buches beantworten kannst.

Einige Anmerkungen seien schon an dieser Stelle platziert, bevor wir uns Leo Tolstoi widmen. Der Autor wurde 1828 in Russland geboren – damals wie heute das größte Land der Welt, das sich über acht Zeitzonen erstreckt. Peter der Große hatte gut 100 Jahre zuvor die Hauptstadt von Moskau nach Sankt Petersburg verlegt, um dem als rückständig angesehenen Reich »ein Fenster nach Europa« zu eröffnen und eine schnelle Modernisierung einzuleiten.

Was Russland von Deutschland trennte, war weniger die Entfernung als vielmehr die historische Entwicklung sowie die Geografie. Das riesige Reich stellt im Wesentlichen eine durchgehende Fläche dar, die zwar vom Eismeer bis in südliche Wüsten reicht, aber kaum natürliche Hindernisse aufweist. Auch das Ural-Gebirge, das Europa von Asien trennt, ist für unsere Verhältnisse höchstens ein Mittelgebirge, das nur an wenigen Stellen eine Höhe von 1 000 Metern erreicht. So verwundert es nicht, dass trotz riesiger Entfernungen sich die russische Sprache und Kultur im westlichen Smolensk kaum von der im 8 000 Kilometer entfernten Wladiwostok unterscheidet. Im Russischen Reich wie auch heute in der Russischen Föderation lebten und leben aber über 150 weitere Volksgruppen. Der größte Teil des Landes liegt in Asien, und diese Tatsache, verbunden mit der ungeschützten russischen Ebene, spielt eine wichtige Rolle in der russischen Geschichte.

Die Anfänge des russischen Staates lagen aber eindeutig in Europa, und die erste Hauptstadt war Kiew, die heutige Hauptstadt der Ukraine. Als wichtigstes Datum dieser Epoche gilt die Christianisierung Russlands im Jahre 988, und die Umstände dieser »Taufe Russlands« wirken bis heute nach. Die Missionierung erfolgte nämlich von Süden aus, und man führte nicht die römische (später »katholische«) Variante, sondern die orthodoxe Richtung des Christentums ein. Dementsprechend orientierte man sich in geistiger Hinsicht an Byzanz und nicht an Rom.

Und nun kommen wir zu unserer Ausgangsfrage zurück. Die Missionare brachten den Russen nicht nur eine neue Religion, sondern auch ein Alphabet, das an die griechischen Buchstaben angelehnt war. Nach einem der »Erfinder«, dem Mönch Kyrill, wurde die Schrift die kyrillische genannt; ihre Buchstaben kann man auf verschiedene Art in die lateinische Schrift umsetzen, und aus Толстой wird Tolstoj oder Tolstoi.

Und die Daten? Auch das hängt mit der Religion zusammen, denn die orthodoxe Kirche lehnte die Kalenderreform des Papstes Gregor XIII. ab und tut dies bis heute. Der russische Staat übernahm den reformierten Kalender im Februar 1918 nach der Revolution, bis dahin »hinkte« die russische Zeitrechnung um mehrere Tage hinter der westeuropäischen hinterher. Im 19. Jahrhundert machte diese Verspätung 12 Tage aus, im 20. Jahrhundert sogar 13. Bei entsprechenden Daten wird deshalb immer angegeben, ob sie dem »alten Stil« oder dem »neuen Stil« entsprechen.

Moskau – Tor zum Kreml

Das »alte Russland« wirkte aus mehreren Gründen altmodisch oder veraltet. Für mehr als 200 Jahre hatte das Land unter der Besatzung durch die Mongolen gelitten, und es war in dieser Zeit relativ isoliert vom Rest Europas. Die Trennung von den römisch-katholischen Nachbarn wie Polen wurde noch dadurch verstärkt, dass es keine Grundlage für eine Wiederentdeckung der römischen Antike gab und somit auch keine Renaissance in Kunst, Wissenschaft und Kultur.

Auch wenn Russland auf die Deutschen fremd und rückständig wirkte, gab es trotzdem vielfältige Kontakte. Deutsche Auswanderer waren im Russischen Reich hochwillkommen, und deshalb nutzten sie in großer Zahl die Chancen für beruflichen Aufstieg oder religiöse Selbstbestimmung. Dabei muss man zwei Gruppen unterscheiden: Die deutschen Bauern lebten als »Kolonisten« in rein deutschen Dörfern mit wenig Kontakt zur russischen Umgebung – die deutschen Handwerker, Ärzte, Apotheker, Professoren, Beamten und Offiziere gehörten zur Stadtbevölkerung und integrierten sich im Laufe der Zeit immer mehr. Gerade diese Russlanddeutschen begegnen uns immer wieder in den Werken Puschkins, Gogols, Tolstois und Tschechows.

Am Rande sei erwähnt, dass es noch eine andere Sphäre der Begegnung gab. Mit Katharina II. war eine Deutsche auf den russischen Thron gekommen, und mit einer Ausnahme heirateten alle folgenden Zaren deutsche Prinzessinnen.

Für Leo Tolstois Leben und Werk war jedoch ein historisches Ereignis aus der deutsch-russischen Geschichte von größter Bedeutung. Im Jahre 1812 hatte Napoleon Russland angegriffen und war mit seiner grande armée bis Moskau marschiert. Gerade hier begann aber sein Abstieg, und in der Folge wurden Russen und Deutsche (speziell Preußen) zu Bündnispartnern. Diese Allianz hielt, in unterschiedlicher Form und Intensität, bis zum Ausbruch des Ersten Weltkrieges 1914.

Die hier nur kurz skizzierten Aspekte werden uns im Folgenden immer wieder begegnen. Tolstois Leben war eng mit der historischen Entwicklung verbunden. Er nahm stets aufmerksam Anteil am öffentlichen Leben, an Diskussionen und Auseinandersetzungen. Dabei blieb er aber ein Vertreter des »alten« Russlands, ein adliger Intellektueller, der den großen Umbruch der Revolution von 1917 nicht vorhersah und nicht herbeiwünschte.

Leo Tolstoi hat keine Memoiren geschrieben, auch wenn er mehrmals einen Anlauf unternommen hat. In den uns vorliegenden Bruchstücken aus den Jahren 1903 bis 1906 geht er sehr selbstkritisch mit sich um und gliedert sein bisheriges Leben in vier Etappen:

Als ich mein Leben so betrachtete, das heißt, es vom Standpunkt des Guten und Bösen, das ich getan hatte, zergliederte, erkannte ich, dass mein langes Leben in vier Abschnitte zerfällt: jene herrliche, vor allem im Vergleich zu den anderen unschuldige, glückliche, poetische Zeit der Kindheit bis zum vierzehnten Jahr; dann der zweite Abschnitt – die schrecklichen zwanzig Jahre, oder die Zeit der rohen Verwilderung, im Dienste der Eifersucht, der Eitelkeit und vor allem des Sinnengenusses. Dann der dritte achtzehnjährige Abschnitt von meiner Heirat bis zu meiner seelischen Wiedergeburt, den man vom Standpunkt der großen Welt wohl den moralischen nennen könnte, das heißt: während dieser achtzehn Jahre lebte ich ein geregeltes, solides Familienleben, ohne mich irgendwelchen Lastern, die von der öffentlichen Meinung verurteilt werden, hinzugeben. Aber alle Interessen dieses Lebens waren auf die egoistische Sorge um die Familie beschränkt, auf Vergrößerung meines Vermögens, literarischen Erfolg und aller Art Vergnügungen.

Und endlich die vierte zwanzigjährige Periode, in der ich jetzt lebe und in der ich zu sterben hoffe: vom Standpunkt dieser Periode aus erkenne ich die ganze Bedeutung meines vergangenen Lebens, und ich möchte sie in nichts abändern, außer jenen schlechten Angewohnheiten, die ich in früheren Perioden angenommen habe.

Wir werden im Folgenden eine andere Einteilung vornehmen, ohne dabei Tolstois Ansatz aus den Augen zu verlieren. Im Mittelpunkt sollen aber die literarischen Arbeiten des Autors stehen, seine Werke, die bis heute nichts an ihrem Reiz und ihrer Kraft verloren haben.

Kindheit und *Jugend* – Biographisches und Autobiographisches

*Leo Nikolajewitsch Tolstoi wurde am 28. August
1828 (alten Stils) auf dem Gut seiner Familie unweit
der Provinzhauptstadt Tula geboren. Sein Vaters-
name »Nikolajewitsch« bedeutet »Sohn des Nikolai«
und bezieht sich auf seinen Vater, den Grafen Nikolai Iljitsch Tolstoi. Leo war das zweitjüngste von
fünf Kindern; er wuchs behütet in einer typischen
russischen Adelsfamilie auf dem Lande auf, musste aber schon früh zwei persönliche Katastrophen
verarbeiten: mit knapp zwei Jahren verlor er seine
Mutter und mit neun Jahren seinen Vater.*

Der Kreml in Tula

*Trotzdem dachte er später immer gerne an diese
Phase der Kindheit zurück, und das Gut Jasnaja
Poljana, das seine Mutter als einzige Tochter des
reichen Fürsten Wolkonskij in die Ehe eingebracht
hatte, blieb für ihn sein Zuhause bis wenige Tage vor seinem Tod.*

*Ein charakteristisches Beispiel für Tolstois Beständigkeit und sein Fest-
halten am Überlieferten und Ererbten ist das Sofa, auf dem er geboren
wurde. Es blieb sein ganzes Leben das wichtigste Möbelstück im Hause,
auf ihm wurden seine Kinder geboren, später stand es in seinem Arbeitszimmer, wo man es noch heute betrachten kann.*

*In den Bruchstücken seiner Memoiren erinnert sich Leo Tolstoi an diese
erste Zeit seiner Kindheit, speziell an seine Eltern:*

Geboren bin ich auf dem Gut Jasnaja Poljana, wo ich auch meine erste Kindheit verbracht habe. Auf meine Mutter besinne ich mich überhaupt nicht. Ich war anderthalb Jahre alt, als sie starb. Durch einen seltsamen Zufall ist nicht ein einziges Bild von ihr geblieben, so dass ich von ihr als lebendigem Wesen keine Vorstellung habe. Ich bin zum Teil recht froh darüber, dass in meiner Vorstellung nur ein geistiges Bild von ihr lebt, und dass alles, was ich von ihr weiß, gut und schön ist, und ich glaube nicht nur deshalb, weil alle, die von meiner Mutter sprachen, sich bemühten, von ihr nur Gutes zu reden, sondern weil sie wirklich ein sehr guter Mensch war.

Übrigens nicht nur meine Mutter, auch alle anderen Menschen, die mich in der Kindheit umgaben – vom Vater bis zu den Kutschern – leben in meiner Vorstellung als ausnahmslos gute Menschen. Wahrscheinlich erschloss mein reines, liebesuchendes Gefühl, wie ein heller Lichtstrahl, die besten Seiten der Menschen (die immer vorhanden sind), so dass diese Menschen mir ausnahmslos gut erschienen, und damit kam ich der Wahrheit weit näher als später, wo ich nur die Fehler der Menschen sah.

Meine Mutter war nicht hübsch, aber für ihre Zeit äußerst gebildet. Sie kannte außer dem Russischen […] noch vier Sprachen: Französisch, Deutsch, Englisch und Italienisch, und muss ein feines Kunstverständnis gehabt haben; sie spielte gut Klavier, und ihre Altersgenossinnen erzählten mir, dass sie meisterhaft verstand, Märchen zu erzählen, die sie im Laufe des Erzählens frei erfand. […]

Ich besitze einige Briefe von ihr an meinen Vater und verschiedene Tanten und ein Tagebuch über das Betragen Nikolenkas (meines älteren Bruders), der sechs Jahre alt war, als sie starb, und der, glaube ich, ihr am meisten ähnlich war. Sie hatten beide eine mir sehr sympathische Eigenschaft, die ich nach den Briefen von meiner Mutter voraussetze und die ich am Bruder kenne – ihre Gleichgültigkeit gegen das Urteil der Leute und ihre Bescheidenheit, die so weit ging, dass sie selbst die geistige und moralische Überlegenheit, die sie anderen Leuten gegenüber besaßen, zu verbergen suchten. Es war, als schämten sie sich dieser Überlegenheit.

Ich kannte diese Eigenschaft bei meinem Bruder, von dem Turgenew sehr richtig gesagt hat: »Ihm fehlten jene schlechten Seiten, die nötig sind, um ein großer Schriftsteller zu werden.«

Ich entsinne mich, wie einmal ein sehr dummer und schlechter Mensch, der Adjutant des Gouverneurs, der mit ihm auf der Jagd war, ihn in meiner Anwesenheit aufzog, und wie mein Bruder mir einen gutmütig lächelnden Blick zuwarf, weil ihm die Späße offenbar großes Vergnügen bereiteten.

Denselben Zug fand ich in den Briefen der Mutter. Sie stand offenbar geistig über meinem Vater und dessen Familie, ausgenommen höchstens Tatjana Alexejewna Jergolskaja, mit der ich mein halbes Leben lang zusammen gelebt habe, die eine durch ihre seelischen Eigenschaften hervorragende Frau war.

Außerdem hatten beide noch einen zweiten Zug, der, glaube ich, ihre Gleichgültigkeit gegen das Urteil der Leute bedingte: dass sie nie jemand – ich weiß das von meinem Bruder, mit dem ich mein halbes Leben verbracht habe, ganz genau – nie jemand verurteilten. Der schärfste Ausdruck der Antipathie gegen einen Menschen drückte sich bei meinem Bruder in einem feinen, gutmütigen Humor und einem ebensolchen Lächeln aus. Dasselbe sehe ich in den Briefen meiner Mutter und fand es von denen bestätigt, die sie gekannt hatten. Unter den Heiligengeschichten des Dimitrij von Rostow findet sich eine, die mich immer sehr gerührt hat – die kurze Geschichte eines Mönches, der, wie die ganze Bruderschaft wusste, zahlreiche Fehler hatte und der doch in einem Traume einem Greise mitten unter den Heiligen auf dem besten Platz des Himmels erschien. Der erstaunte Greis fragte, wodurch dieser in so vielem unbeherrschte Mönch diesen Lohn verdient habe? Ihm wurde geantwortet: »Er hat nie jemand verurteilt.«

Wenn es solche Belohnungen gäbe, so glaube ich, dass mein Bruder und meine Mutter sie erhalten hätten. […]

Ihre Kindheit verlebte meine Mutter teils in Moskau, teils auf dem Gute eines klugen, stolzen und begabten Menschen, meines Großvaters Wolkonskij.

Das Leben meiner Mutter in der Familie meines Vaters war, soviel ich aus den Briefen und Erzählungen schließen kann, ein gutes und glückliches. Die Familie meines Vaters bestand aus seiner alten Mutter, deren Tochter, meiner Tante, der Gräfin Alexandra Iljinischna Osten-Säcken und deren Pflegetochter Paschenka, ferner einer anderen Tante – wir nannten sie so, obgleich sie mit uns nur ganz entfernt verwandt war – Tatjana Alexandrowna Jergolskaja, die im Hause des Großvaters aufgewachsen war und ihr ganzes Leben bei uns verbrachte. Außer meinem Vater war dann noch der Lehrer Fedor Iwanowitsch Rössel da, den ich in meiner »Kindheit« ziemlich treffend geschildert habe.

Wir waren fünf Kinder: Nikolaj, Sergej, Dmitrij, ich, als Jüngster, und die jüngste Schwester Maschenka, an deren Geburt meine Mutter starb. Die sehr kurze Ehe meiner Mutter – ich glaube es waren nur etwa neun Jahre – war still und glücklich. Ihr Leben war reich und schön durch die Liebe aller und ihre Liebe zu allen, die sie umgaben. Aus den Briefen sehe ich, dass sie damals sehr zurückgezogen lebte. Fast niemand, außer den Nachbarn Ogariow, und den Verwandten, die zufällig vorbeireisten und zu uns kamen, besuchte Jasnaja Poljana.

Man sieht bereits an diesen Ausführungen, dass Leo Tolstoi ein Mensch war, der hohe moralische Prinzipien vertrat, sich davor scheute, andere zu verurteilen und der als Künstler sehr genau beobachten und beschreiben konnte. Wir sehen außerdem, dass der Adel im »rückständigen« Russland durchaus interessiert und gebildet war und sich mit europäischen Maßstäben messen lassen konnte.

Wenn Leos Mutter eine für die Zeit typische adelige Mädchenerziehung genossen hatte, so steht die Biographie seines Vaters stellvertretend für die vieler Männer seiner Zeit. Und wenn Leo ihn als weniger gebildet charakterisiert, zeichnet er ihn doch durchweg in positiven Farben.

Mein Vater war von Jugend auf der einzige überlebende Sohn seiner Eltern. Sein jüngerer Bruder Ilenka war als Kind gefallen, wurde bucklig und starb früh. Im Jahre 1812 war er siebzehn Jahre alt, und ungeachtet der Angst und des Abratens seiner Eltern trat er in den Heeresdienst ein. Damals war Fürst Nikolaj Iwanowitsch Gortschakow – ein naher Verwandter meiner Großmutter, einer Fürstin Gortschakowa – Kriegsminister und ein anderer, Andrej Iwanowitsch Gortschakow, war General und Kommandeur irgendeines Truppenteiles im Frontheer. Mein Vater wurde ihm als Adjutant zugewiesen. Er machte die Feldzüge von 1813–14 mit, wurde irgendwo in Deutschland, wohin er als Kurier gesandt worden war, von den Franzosen gefangen genommen und kam erst 1815 wieder frei, als die Russen in Paris einzogen. Mein Vater war mit zwanzig Jahren durchaus kein unschuldiger Jüngling mehr, er war noch vor seinem Dienstantritt – also mit sechzehn Jahren – von seinen Eltern, wie man damals meinte, seiner Gesundheit wegen, mit einem leibeigenen Hofmädchen zusammengeführt worden. Diesem Verhältnis entsprang ein Sohn Mischa, der zum Postillion bestimmt wurde, und der, solange mein Vater lebte, sich ordentlich hielt; später aber kam er auf Abwege und wandte sich oft an uns, seine nun bereits erwachsenen Brüder, mit der Bitte um Unterstützung. Ich entsinne mich, ein wie seltsames Gefühl des Staunens ich empfand, wenn dieser mein verkommener Bruder, der mehr als wir alle unserem Vater ähnelte, uns um Unterstützung bat und für zehn oder fünfzehn Rubel dankbar war, die man ihm gab.

Nach dem Kriege nahm mein Vater, der vom Militärdienst enttäuscht war – das sieht man aus seinen Briefen – seinen Abschied und fuhr nach Kasan, wo mein bereits völlig bankrotter Großvater Gouverneur war. In Kasan war auch die Schwester meines Vaters Pelageja Iljinischna an einen gewissen Juschkow verheiratet. Der Großvater starb bald in Kasan und hinterließ meinem Vater ein Vermögen, das nicht einmal reichte, alle Schulden zu decken, und die Versorgung der an Luxus gewöhnten alten Mutter, der Schwester und der Kusine.

Damals wurde seine Heirat mit meiner Mutter arrangiert und er zog nach Jasnaja Poljana, wo er neun Jahre mit meiner Mutter zusammen lebte, sie dann verlor, und wo er auch in meiner Erinnerung zuerst auftritt.

Mein Vater war mittelgroß, gut gebaut, lebhaft, sanguinisch, mit liebenswürdigen Zügen und immer schwermütigen Augen.

Sein Leben brachte er mit der Bewirtschaftung seines Gutes zu, von der er allerdings wohl nicht sehr bedeutende Kenntnisse besaß; jedoch hatte er eine für jene Zeit sehr wesentliche Eigenschaft: er war nicht nur nicht grausam, sondern eher sogar zu schwach. Ich habe auch nach seinem Tode nie von körperlichen Strafen auf seinem Gut gehört.

Nikolai Tolstoi war wie viele Adlige seiner Generation geprägt durch die Erlebnisse im Krieg gegen Napoleon. In dieser harten Zeit hatte er Erfahrungen gemacht, die es ihm erschwerten, anschließend zum normalen Alltag zurückzukehren. Die Eindrücke vom Leben außerhalb Russlands verblassten nicht so schnell und sie standen oft im Gegensatz zur russischen Realität. Das betraf das Staatssystem, den Verwaltungsapparat, die militärische Ordnung, aber auch kulturelle und moralische Fragen. Der Wechsel vom Zar Alexander I. zu dem autoritären und streng konservativen Zaren Nikolaus I. verschärfte diesen Widerspruch noch.

Wie die meisten Menschen der Zeit Alexanders I. und der Feldzüge von 1813–15, war er nicht gerade das, was man jetzt einen Liberalen nennt, aber einfach aus dem Gefühl seines eigenen Wertes heraus hielt er es für sich für unmöglich, in den letzten Jahren der Regierung Alexanders I. und unter Nikolaus I. im Staatsdienst zu stehen. Nicht nur er bekleidete kein Amt, sondern auch seine Freunde waren alle ebensolche selbstständige Menschen, die nicht im Staatsdienst standen und gegen die Regierung Nikolaus' I. ein wenig frondierten. Während meiner ganzen Kindheit und sogar im Jünglingsalter hatte unsere Familie keine näheren Beziehungen auch nur mit einem Staatsbeamten. Selbstverständlich verstand ich als Kind nichts davon, aber ich begriff, dass mein Vater nie und vor niemand sich unterwürfig zeigte und nie seinen frischen, fröhlichen und oft spöttischen Ton versteckte. Und dieses Selbstbewusstsein, das ich an ihm beobachtete, steigerte meine Liebe, meine Bewunderung für ihn.

Den kleinen Leo Tolstoi interessierten die Fragen der Politik natürlich zunächst nicht. Wie alle Kinder spielte er gerne, er stritt und vertrug sich mit seinen Geschwistern, hatte seine Probleme mit dem Lernen und den Lehrern. Als er 1852 daran ging, die Erinnerungen an seine Kindheit und Jugend in einem dreiteiligen literarischen Text zu verarbeiten, begann er seine Trilogie mit einem Kapitel über seinen deutschen Hauslehrer Fjodor Iwanowitsch Rössel, dessen Namen er nur geringfügig verfremdet.

DER LEHRER KARL IWANOWITSCH

Am 12. August 18 .., genau drei Tage nach meinem zehnten Geburtstag, an dem ich soviel herrliche Geschenke bekommen hatte, weckte mich Karl Iwanowitsch um sieben Uhr, indem er gerade über meinem Kopf mit einer Klatsche, einem an einer Stange befestigten Stück Zukkerpapier, eine Fliege totschlug. Er machte das so ungeschickt, dass er das an der eichenen Bettlehne hängende Bildchen meines Schutzheiligen streifte und die erschlagene Fliege mir gerade auf den Kopf fiel. Ich steckte die Nase unter der Decke hervor, hielt das immer noch hin und her schaukelnde Heiligenbildchen fest, warf die tote Fliege auf den Boden und sah mit zwar noch verschlafenen, doch wütenden Blicken auf Karl Iwanowitsch. Er aber, in seinem bunten wattierten Schlafrock mit dem Gürtel aus gleichem Stoff, der rot gestrickten Mütze mit einer Quaste dran und den weichen Schuhen aus Ziegenleder, fuhr fort im Zimmer auf und ab zu gehen, zu zielen und zu klatschen.

»Zugegeben«, dachte ich, »ich bin noch klein, aber warum erschreckt er mich? Warum schlägt er nicht über Wolodjas Bett die Fliegen tot? Da sind doch eine Unmenge! Aber nein, Wolodja ist älter als ich, und ich bin der Jüngste: darum eben quält er mich. Sein Lebtag denkt er nichts anderes, als wie er mir etwas Unangenehmes zufügen könnte«, flüsterte ich vor mich hin. »Er sieht sehr wohl, dass er mich aufgeweckt und erschreckt hat, aber er tut, als habe er nichts bemerkt [...]

Ein widerlicher Kerl! Der Schlafrock, das Rippchen, die Quaste, − alles an ihm ist widerlich!«

Während ich so in Gedanken meinem Ärger über Karl Iwanowitsch Luft machte, trat dieser an sein Bett, blickte auf die Uhr, die in einem perlengestickten Pantöffelchen darüber hing, und wandte sich, nachdem er die Fliegenklatsche an den Nagel gehängt hatte, in merklich guter Laune zu uns.

»Auf, Kinder, auf! ... 's ist Zeit! Die Mutter ist schon im Saal!« rief er mit seiner gutmütigen deutschen Stimme, dann trat er an mein Bett, setzte sich auf das Fußende und zog die Tabaksdose heraus. Ich stellte mich schlafend. Karl Iwanowitsch schnupfte, putzte sich die Nase, schnippte mit den Fingern und wandte sich dann erst zu mir. Lachend begann er mich an den Fußsohlen zu kitzeln. »Nun, nun, Faulenzer!« sagte er.

Wie kitzelig ich auch war, so sprang ich trotzdem nicht aus dem Bett, gab auch keine Antwort, sondern versteckte den Kopf nur noch tiefer im Kissen und strampelte aus aller Kraft mit beiden Beinen, verzweifelt bemüht, das Lachen zu unterdrücken.

»Wie gut er ist und wie gern er uns hat, und ich konnte so schlecht von ihm denken!«

Ich war ärgerlich über mich und über Karl Iwanowitsch, wollte lachen und zugleich weinen: die Nerven waren aufs äußerste erregt.

»Ach, lassen Sie, Karl Iwanowitsch!« schrie ich mit Tränen in den Augen und steckte den Kopf zwischen den Kissen hervor.

Karl Iwanowitsch war erstaunt, er ließ meine Sohlen zufrieden und begann unruhig zu fragen, was mir sei, ob ich schlecht geträumt hätte? … Sein gutmütiges deutsches Gesicht, die Anteilnahme, mit der er bemüht war, den Anlass meiner Tränen zu ergründen, ließen diese nur noch reichlicher fließen; ich hatte Gewissensbisse und konnte nicht begreifen, wie ich wenige Minuten vorher Karl Iwanowitsch nicht hatte lieb haben, seinen Schlafrock, sein Käppchen und die Quaste hatte widerlich finden können; jetzt erschien dies alles mir ganz im Gegenteil besonders lieb, ja die Troddel an dem Käppchen schien mir sogar ein sprechender Beweis für seine Güte. […]

»Sind Sie bald fertig?« ertönte Karl Iwanowitschs Stimme aus dem Schulzimmer.

Der Klang seiner Stimme war streng und hatte schon nicht mehr jenen Ausdruck von Güte, der mich bis zu Tränen gerührt hatte. Im Schulzimmer war Karl Iwanowitsch ein ganz anderer Mensch: ganz Schulmeister. Ich zog mich flink an, wusch mich, und noch die Bürste in der Hand, mein feuchtes Haar glatt streichend, erschien ich auf seinen Ruf. […]

Wie heute sehe ich noch die lange Gestalt vor mir im wattierten Schlafrock und dem roten Käppchen, unter dem die spärlichen grauen Haare hervorquellen. Er sitzt am Tisch, auf dem die Scheibe mit dem Friseur steht und einen Schatten über sein Gesicht wirft; in einer Hand hält er das Buch, die andere ruht auf der Lehne des Sessels; neben ihm liegt die Uhr mit einem Jäger auf dem Zifferblatt, das karierte Taschentuch, die runde schwarze Tabaksdose, das grüne Brillenfutteral, die Lichtputze auf einer Schale. Dies alles liegt würdig und akkurat auf seinem Platz, dass man aus der Ordnung allein ersehen kann, dass Karl Iwanowitschs Seele ruhig und sein Gewissen rein ist. […]

Manchmal bemerkte er mich nicht, ich aber stand in der Tür und dachte: »Armer, armer Greis! Wir sind viele, wir spielen, wir sind vergnügt, aber er – er ist ganz mutterseelenallein, und niemand, niemand ist lieb mit ihm. Er spricht die Wahrheit, wenn er sagt, dass er eine Waise ist. Und wie traurig seine Lebensgeschichte ist! Ich erinnere mich, wie er sie Nikolaj erzählte – schrecklich muss es in seiner Lage sein!« Und so weh wurde mir's manchmal, dass ich an ihn herantrat, seine Hand fasste und sagte: »Lieber Karl Iwanowitsch!« Er hatte es gern, wenn ich so zu ihm sprach; jedes mal hätschelte er mich und war sichtlich gerührt. [...]

In der Mitte der Stube stand ein Tisch, bedeckt mit einem zerrissenen schwarzen Wachstuch, unter dem an mehreren Stellen die mit Federmessern zerschnittenen Tischkanten hervorguckten. Um den Tisch standen mehrere ungestrichene, doch vom langen Gebrauch blank gescheuerte Hocker. Die letzte Wand war durch drei Fenster eingenommen, aus den sich folgender Blick bot: gerade unter dem Fenster die Straße, auf der jeder Stein, jede Vertiefung und jedes Gleis mir wohlbekannt und lieb war. An die Straße schloss sich eine Allee aus beschnittenen Linden, hinter der hier und da ein geflochtener Zaun sichtbar wurde; darüber weg sah man die Wiese, an deren einer Seite die Tenne stand und gegenüber der Wald; ganz in der Ferne schimmerte die Hütte des Wächters. Aus dem rechten Fenster war ein Teil der Veranda zu sehen, auf der sich die Erwachsenen meist bis zum Mittagessen aufhielten. Oftmals, während Karl Iwanowitsch eine Seite des Diktats korrigierte, blickte man seitlich hinaus, sah Mutters dunkles Köpfchen, irgend jemandes Rücken und hörte undeutlich lachen und sprechen; dann packte einen der Ärger, dass man nicht mit dort sein konnte, und man dachte: »Wann endlich werde ich erwachsen sein, aufhören zu lernen und nicht mehr über dem Konversationsbuch sitzen, sondern immer bei denen sein, die ich lieb habe?« Der Ärger wurde zur Wehmut, und man verfiel in so tiefe Gedanken über Gott weiß was alles, dass man gar nicht mehr hörte, wie Karl Iwanowitsch sich über die Fehler ärgerte.

Karl Iwanowitsch legte den Schlafrock ab, zog statt dessen einen blauen Frack an, der an den Schultern gepolstert war, machte vor dem Spiegel seine Halsbinde zurecht und führte uns hinunter, um die Mutter zu begrüßen.

Leos Kindheit verlief in geregelten Bahnen mit festgelegten Tagesabläufen. Höhepunkte waren neben den Jagden die Besuche bei den Nachbarn und kleinere Festlichkeiten auf dem eigenen Gut. Leos Großvater hatte seinerzeit noch mehr Wert auf Kultur und Außendarstellung gelegt; acht seiner Leibeigenen erhielten eine musikalische Ausbildung und bildeten ein kleines Orchester – Leos Vater löste das Orchester aber wieder auf, und die Musiker kehrten zu ihren ursprünglichen Tätigkeiten in Haus und Hof zurück.

Auch wenn die meisten Erinnerungen Leo Tolstois positiver Natur sind, so finden sich aber auch immer wieder Passagen im Text, die gemischte Gefühle wiedergeben und Momente der Scham beschreiben. Dabei geht es um den Wunsch, erwachsen zu sein, und um erste Verliebtheiten:

ETWAS WIE EINE ERSTE LIEBE

Als sie so tun wollte, als pflücke sie irgendwelche amerikanische Früchte vom Baum, riss Liubotschka zufällig mit einem Blatt eine riesengroße Raupe ab, warf sie erschrocken zu Boden und sprang mit erhobenen Händen zur Seite, als fürchtete sie, die Raupe könne etwas verspritzen. Das Spiel war unterbrochen; wir steckten alle die Köpfe am Erdboden zusammen, um die Seltenheit zu betrachten. Ich sah über Katenkas Schultern hinweg, die sich bemühte, die Raupe auf ein Blatt zu heben, indem sie ihr damit den Weg versperrte.

Ich habe bemerkt, dass sehr viele Mädchen die Angewohnheit haben mit der Schulter zu zucken, wodurch sie versuchen, das vom entblößten Hals herab gerutschte Kleid wieder zurecht zu schieben. Ich weiß noch, dass Mimi immer sehr böse über diese Bewegung war und sagte: »c'est un geste de femme de chambre.« Über die Raupe gebeugt, machte Katenka eben diese Bewegung und gleichzeitig fuhr der Wind unter ihr Halstüchlein und entblößte ihren weißen Nacken. Die Schulter war in diesem Augenblick kaum zwei Finger breit von meinen Lippen entfernt. Ich sah nicht mehr auf die Raupe, ich starrte gerade vor mich hin und plötzlich drückte ich einen kräftigen Kuss auf Katenkas Schulter. Sie wandte sich nicht um, aber ich bemerkte, dass ihr Hals und die Ohren feuerrot wurden. Wolodja sagte, ohne den Kopf zu heben, verächtlich: »Was sollen die Zärtlichkeiten?«

Ich hatte Tränen in den Augen.

Ich wandte kein Auge von Katenka. Ich war schon lange an ihr frisches, helles Gesichtchen gewöhnt und liebte es; doch jetzt begann ich es aufmerksamer zu betrachten und gewann es noch lieber. Als wir zu den Erwachsenen kamen, erklärte Papa zu unserer großen Freude, dass die Abreise auf Mamas Bitten hin bis zum folgenden Morgen verschoben worden sei.

Den Rückweg machten wir zusammen mit dem Wagen. Wolodja und ich, bemüht, einer den andern in der Reitkunst und Schneidigkeit zu übertreffen, sprengten um den Wagen herum. Mein Schatten war länger als vorhin, und nach ihm zu urteilen hatte ich das Aussehen eines recht stattlichen Reiters; doch das Gefühl der Selbstzufriedenheit wurde bald durch folgenden Umstand zerstört. Erfüllt von dem Wunsche, alle Insassen des Wagens endgültig in Staunen zu setzen, blieb ich ein wenig zurück, trieb dann mein Pferdchen mit der Reitpeitsche und den Füßen an, nahm eine graziös ungezwungene Haltung ein und wollte so auf der Seite, wo Katenka saß, an dem Wagen vorbeigaloppieren. Ich wusste nur noch nicht, was besser sei: schweigend vorbeizujagen oder einen Schrei auszustoßen. Aber der unausstehliche Gaul blieb, als er die Wagenpferde erreicht hatte, trotz meiner Bemühungen so plötzlich stehen, dass ich vom Sattel auf den Hals geschleudert wurde und fast ganz herunterflog.

Das ruhige Landleben endete 1837 mit dem Umzug der Familie nach Moskau. Man kann sich vorstellen, wie die große Stadt mit ihren prächtigen Kirchen und dem gewaltigen Kreml auf den neunjährigen Jungen wirkten, als er nach zweitägiger Reise der Kutsche entstieg. 25 Jahre nach dem

*Brand, der während der französischen Besetzung fast die ganze (über-
wiegend aus Holzhäusern bestehende) alte Hauptstadt zerstört hatte, war
Moskau jetzt noch schöner und lebendiger als zuvor.*

*Leo hatte aber nur wenig Zeit, die neuen Eindrücke zu verarbeiten,
denn noch im gleichen Jahr starb sein Vater, und die Vormundschaft über
den nun verwaisten Jungen fiel an eine Tante. Nach einem weiteren Aufenthalt auf Jasnaja Poljana ging es dann 1841 nach Kasan, der heutigen
Hauptstadt der tatarischen Republik an der mittleren Wolga. Hier
lebte eine andere Tante der Kinder und hier bereitete sich Leo auf die
Aufnahmeprüfung in die Universität vor. Im zweiten Versuch war er
erfolgreich und begann ohne große Begeisterung ein Studium der orienta-
lischen Sprachen, das er bald abbrach, um zum Fach Jura zu wechseln.
Doch auch dieses Studium konnte ihn nicht auf Dauer interessieren, und
so brach er 1847 endgültig ab und reiste auf das väterliche Gut Jasnaja
Poljana, das inzwischen als Erbe in seinen Besitz übergegangen war.*

Leo Tolstoi als Student in Kasan

Der Morgen eines Gutsbesitzers – die Leibeigenschaft und das Scheitern der russischen Intellektuellen

Leo Tolstoi stand 1847 mit 19 Jahren an einem Wendepunkt seines Lebens. Als Student gescheitert, als junger Mann an der Diskrepanz zwischen moralischem Anspruch und persönlicher Schwäche leidend, strebte er nach einem neuen Anfang. Den Reizen des studentischen Lebens, die von eher harmloser Geselligkeit über reichlichen Alkoholgenuss bis zu sexuellen Erfahrungen mit zweifelhaften Mädchen reichten, entfloh er aufs Land, wo er sich ein kaum zu bewältigendes Programm formulierte:

1. Den gesamten Stoff eines Jurastudiums lernen, soweit er für die Abschlussprüfung der Universität benötigt wird. 2. Praktische und zum Teil theoretische Medizin studieren. 3. Sprachen: Französisch, Russisch, Deutsch, Englisch, Italienisch und Latein lernen. 4. Landwirtschaft in Theorie und Praxis studieren. 5. Geschichte, Geographie und Statistik studieren. 6. Mir den Lehrstoff der Mathematik für Gymnasien aneignen. 7. Eine Dissertation abfassen. 8. Ein Mittelmaß an Fähigkeiten in Musik und Malerei erwerben. 9. Regeln schriftlich aufstellen. 10. Mir gewisse Kenntnisse in den Naturwissenschaften aneignen. 11. Aufsätze in sämtlichen zu studierenden Fächern abfassen.

Der junge Gutsherr Leo Tolstoi (1848)   Das Wohnhaus in Jasnaja Poljana

Während der Stoff des Jurastudiums bald in Vergessenheit gerät, widmet sich Leo Tolstoi um so intensiver und ernsthafter der Landwirtschaft. Zu seinem Gut gehören Wiesen, Wälder und Felder, die von den leibeigenen Bauern bestellt werden.

Die russische Landwirtschaft, in der Mitte des 19. Jahrhunderts noch über 80 % der Bevölkerung arbeiten, hatte mit verschiedenen Problemen zu kämpfen. Zunächst muss man sich vorstellen, dass der größte Teil der Anbauflächen Zentralrusslands für europäische Verhältnisse hoch im Norden lag. In Verbindung mit dem kontinentalen Klima ergab dies lange strenge Winter und kurze heiße Sommer. Für die Landwirtschaft bedeutete das, dass die Wachstumszeit viel kürzer als in Mitteleuropa war und sich die bäuerliche Arbeit auf wenige Monate konzentrierte. Häufige Missernten, die durch lange Trockenzeiten hervorgerufen wurden, erschwerten noch das Leben und Wirtschaften der russischen Bauern.

Ein weiteres Problem, das auch in der Öffentlichkeit immer intensiver diskutiert wurde, war die Leibeigenschaft. Die Mehrheit der russischen Bauern »gehörte« einem Gutsbesitzer, der ihnen Land zur Bewirtschaftung zuwies und als Gegenleistung entweder einen »Pachtzins« in Geld oder Naturalien beanspruchte oder die Bauern ohne Belohnung auf den von ihm selbst bewirtschafteten Flächen arbeiten ließ. Ein solches System war nicht sehr effektiv, d. h., es führte zu nur geringen Ernteerträgen, da die Bauern nicht sehr daran interessiert waren, durch ihre Arbeitskraft oder durch Innovationen (neuere Methoden) den Gewinn ihres Gutsherrn zu steigern. Außerdem empfanden immer mehr Russen die Leibeigenschaft als ein Element des Mittelalters, als rückständig und menschenunwürdig. Die Bauern selbst litten nicht nur unter den wirtschaftlichen Problemen, sondern oft noch stärker unter der Willkür ihrer Herren, die sich in die Arbeitsorganisation ihrer Leibeigenen einmischten und sogar entscheiden konnten, wer wen heiraten durfte oder wer z. B. für 20 Jahre zum Militär musste.

Auch Leo Tolstoi empörte sich über die Leibeigenschaft und litt darunter, dass er als adliger Grundbesitzer von diesem System profitierte. Entschlossen machte er sich daran, die Situation der ihm anvertrauten Familien zu verbessern, die Landwirtschaft zu reformieren und zu einem anderen Verhältnis zwischen »Herr« und »Bauern« zu kommen. Schon

Gartenansicht in Jasnaja Poljana

früh hatte er den Plan, über dieses Thema einen Roman zu verfassen – realisiert wurde nur der erste Teil, der unter dem Titel »Der Morgen eines Gutsbesitzers« erschien. Wie in seiner Kindheits-Trilogie stützt er sich überwiegend auf eigene Erfahrungen und Erlebnisse, überarbeitet und verfremdet diese aber unter anderem dadurch, dass er einen erfundenen (fiktiven) Helden mit dem Namen Nechljudow in den Mittelpunkt stellt. Schon der Anfang des 20 Kapitel umfassenden Textes erinnert an die Situation des jungen Leo Tolstoi im Jahre 1847:

Fürst Nechljudow war neunzehn Jahre alt, als er nach Schluss des sechsten Semesters an der Universität für die Ferien auf sein Gut kam und dort den ganzen Sommer zubrachte. Im Herbst schrieb er seiner Tante, der Gräfin Belorezkaja, die nach seinen Vorstellungen die genialste Frau von der Welt und seine beste Freundin war, mit unfertiger Kinderhandschrift folgenden Brief, den wir hier aus dem Französischen übertragen:

»Liebe Tante!

Ich habe einen Entschluss gefasst, von dem meine ganze Zukunft abhängt. Ich verlasse die Universität, um mich ganz dem Landleben zu widmen, denn ich fühle, dass ich dafür geboren bin. Um Gotteswillen, lachen Sie mich nicht aus, liebes Tantchen. Sie werden sagen, ich sei noch sehr jung; vielleicht bin ich wirklich noch ein Kind, doch das hindert mich nicht, meine Berufung zu fühlen, das Gute zu wollen und zu lieben.

Wie ich Ihnen schon schrieb, fand ich die Angelegenheiten hier in unbeschreiblicher Unordnung vor. In dem Wunsch, sie wieder zu ordnen und tiefer in sie einzudringen, entdeckte ich, dass das Hauptübel in der kläglichen, armseligen Lage der Bauern selbst besteht, und dass man dieses Übel nur mit Arbeit und Geduld heilen kann. Wenn Sie nur zwei meiner Bauern sehen würden, Dawyd und Iwan, und das Leben, das sie mit ihren Familien führen, – ich bin sicher, dass der bloße Anblick dieser zwei Unglücklichen Sie stärker überzeugen würde,

als alles, was ich Ihnen sagen kann, um meinen Entschluss zu recht-
fertigen. Ist es nicht meine direkte, heilige Pflicht, für das Glück dieser
siebenhundert Menschen zu sorgen, für die ich vor Gott verantwortlich bin? Wäre es nicht Sünde, sie der Willkür der groben Dorfälte-
sten und Verwalter zu überlassen, nur um den eigenen Wünschen des
Genusses und Ehrgeizes nachzugehen? Und warum soll ich anderswo
suchen, nützlich zu sein und Gutes zu tun, wenn sich mir eine so nahe
liegende, ehrenvolle und leuchtende Pflicht auftut? Ich fühle mich wie
geschaffen zu einem guten Landwirt; um das aber zu sein, so wie ich
es auffasse, dazu bedarf es nicht erst jener Würden und Diplome, die
Sie so für mich wünschen. Liebes Tantchen, machen Sie keine ehr-
geizigen Pläne für mich, gewöhnen Sie sich an den Gedanken, dass ich
einen ganz besonderen Weg gehe, doch einen guten, der, ich fühle es,
mich zu meinem Glück führen wird. Ich habe viel über meine zukünf-
tigen Pflichten nachgedacht, habe mir Arbeitsregeln aufgeschrieben,
und wenn Gott mir Kraft und Leben gibt, werde ich meine Pläne
durchführen.«

*Auf diese Einleitung folgt die eigentliche Beschreibung des Vormittags,
den der junge Gutsbesitzer streng geplant hat, um seine Vorsätze zu ver-
folgen. Mehrere Bauern hatten sich mit Bitte um Hilfe an ihn gewandt,
und er unternimmt nun einen Rundgang von Hof zu Hof. Was er sieht,
ist weit von seinem Ideal einer neuen Bauernwirtschaft entfernt:*

Tschurisionoks Wohnung bestand aus einem halb zusammengesun-
kenen, an den Ecken angefaulten Blockhaus, das sich so stark zur
Seite geneigt hatte und in die Erde hineingewachsen war, dass man
über den Düngerhaufen weg nur ein zerschlagenes Schiebefenster
mit einem halb heruntergerissenen Laden und ein zweites, mit Hanf
verstopftes, sah. Ein aus Balken gezimmerter Vorraum mit verfaulter Schwelle und niedriger Tür, ein zweiter kleiner Blockbau, noch
älter und noch niedriger als das Vorhaus, das Tor und eine Scheu-

er aus Flechtwerk schmiegten sich eng an das Hauptgebäude. Alles das war einst unter einem einzigen Dach von ungleicher Höhe vereinigt gewesen; jetzt hing nur noch über dem Dachvorsprung dichtes, schwarzes, faulendes Stroh; oben aber sah man stellenweise das Dachgerüst und einzelne Sparren. Vor dem Hause befand sich ein Brunnen mit einem zerfallenen Brunnenhäuschen, den Überresten eines Pfeilers und eines Rades, und einer schmutzigen, vom Vieh zerstampften Wasserlache, in der Enten plätscherten. Neben dem Brunnen standen zwei alte, gesprungene und geknickte Weiden mit spärlichen mattgrünen Zweigen. Unter einer von diesen Weiden, die dafür Zeugnis ablegten, dass einst jemand um die Verschönerung dieses Platzes bemüht gewesen war, saß ein achtjähriges blondes Mädchen und ließ ein anderes, zweijähriges um sich herumkrabbeln. Ein junges Hündchen, das vor ihnen schwanzwedelnd hüpfte, stürzte vor das Tor und begann von dort erschrocken und heiser zu bellen.

»Ist Iwan zu Hause?« fragte Nechljudow.

Das älteste Mädchen versteinerte bei dieser Frage förmlich, und seine Augen wurden weiter und weiter, aber es antwortete nicht; das kleinere sperrte den Mund auf und machte Anstalten zu weinen. Ein mittelgroßes altes Frauchen in einem zerfetzten karierten Hemdrock, der tief in der Taille von einem alten, rötlichen Gurt zusammengehalten wurde, sah aus der Türe und antwortete ebenfalls nicht. Nechljudow trat in den Flur und wiederholte seine Frage.

»Er ist zu Hause, guter Herr«, sagte die Alte nun mit bebender Stimme, sich tief zur Erde verneigend und in angstvoller Erregung.

Als Nechljudow sie begrüßt hatte und durch den Flur auf den engen Hof hinaustrat, ging die Frau, das Kinn auf die Hand gestützt, bis zur Türe mit und stand mit dem Kopfe wackelnd da, ohne den Blick von dem Gutsherrn abzuwenden. Der Hof war ärmlich; hier und da lag alter, nicht ausgefahrener, schwärzlicher Dünger; darauf lagen unordentlich ein verfaulter Futterkasten, zwei Eggen und Heugabeln. Die Schutzdächer rings um den Hof, unter denen auf der einen Seite ein Hakenpflug und ein Wagen ohne Räder standen und ein Haufen übereinander getürmter, leerer, unnützer Bienenkörbe herumlag, waren fast unbedeckt und an einer Seite ganz zerstört, so dass vorne die Dachstangen nicht auf den Stützen, sondern auf dem Dünger lagen. Tschurisionok entfernte eben mit Schneide und Rücken der Axt den Flechtzaun, den das Dach herabdrückte. Iwan Tschuris war ein ungewöhnlich kleiner Mann von etwa fünfzig Jahren. Die Züge seines sonnenverbrannten, länglichen Gesichts, das von einem dunkelblonden, leicht angegrauten Bart und ebensolchem, dichtem Haupthaar umgeben war, waren schön und ausdrucksvoll. Seine dunkelblauen halbgeschlossenen Augen blickten klug und gutmütig sorglos drein. Der kleine regelmäßige Mund, der sich deutlich unter dem blonden, dünnen Schnurrbart abzeichnete, drückte, wenn er lächelte, ruhiges Selbstvertrauen und eine leicht spöttische Gleichgültigkeit gegenüber seiner ganzen Umgebung aus. An der groben Haut, den tiefen Runzeln und den stark vortretenden Adern am Halse, am Gesicht und an den Händen, an der unnatürlich gebeugten Körperhaltung und den krummen, o-förmigen Beinen war zu erkennen, dass sein ganzes Leben in viel zu schwerer, seine Kräfte weit übersteigender Arbeit vergangen war. Seine Kleidung bestand aus weißen Hosen aus Hanfleinen mit blauen Flicken auf den Knien und einem ebensolchen schmutzigen, an den Armen und am Rücken zerfetzten Hemd. Das Hemd war tief in der Taille von einem Bande zusammengehalten, an dem ein eisernes Schlüsselchen hing.

Was Nechljudow (und auch Tolstoi) am meisten erschüttert, ist aber nicht der schreckliche Zustand der Hütten und Höfe seiner Bauern, sondern die Tatsache, dass sie nicht an grundlegender Umgestaltung, an Neubau und Umsiedlung interessiert sind, sondern lediglich als Bittsteller vor ihrem Herrn auftreten, von dem sie Almosen und eine »Versorgung« erwarten, die ihre unmittelbare Not lindert. Dabei scheuen sie sich nicht, bei ihren endlosen Klagen ganz offensichtlich zu lügen und ihre eigene Faulheit zu verbergen.

*Nechljudow versucht mit guten Ratschlägen, die Bauern zu mehr Eigen-
initiative zu bewegen, zweifelt aber immer mehr am Erfolg seiner
Maßnahmen.*

»Hör' mal, Jepifan«, sagte Nechljudow mit kindlich sanfter Stimme,
vor dem Bauern stehen bleibend, und bemühte sich seine Erregung zu
bemeistern, »so kann man nicht leben, du richtest dich ja zugrunde!
Bedenk es doch ordentlich! Wenn du ein braver Bauer sein willst, dann
ändere dein Leben, lass ab von deinen schlechten Eigenschaften, lüge
nicht, trinke nicht, ehre deine Mutter. Ich weiß genau, wie es um dich
steht. Beschäftige dich mit deiner Wirtschaft, aber stiehl nicht Holz
aus dem Staatswalde und sitz nicht im Wirtshaus herum. Bedenke
doch, was ist da Gutes dran? Wenn du etwas brauchst, komm zu mir,
bitte mich ohne weiteres darum, ich werde dir nichts verweigern, was
ich nur irgend erfüllen kann.«

»Erbarmen Sie sich, Erlaucht, wir wissen doch, wie Erlaucht es
meinen!« antwortete Jepifan mit einem Lächeln, als könne er den Reiz
der Scherze, die der Gutsherr machte, voll verstehen.

Dieses Lächeln und die Antwort zerstörten bei Nechljudow jede
Hoffnung, den Bauern zu rühren und durch Belehrungen auf den
rechten Weg zurückzubringen. Auch schien es ihm, als ob es sich für
ihn, der die Macht in den Händen hatte, nicht recht schicke, seine
Bauern zu ermahnen, und dass er überhaupt alles, was er sagte, lieber
nicht sagen sollte. Er senkte traurig den Kopf und trat auf den Flur.

*Die Erfahrungen, die Nechljudow macht, die täglichen Misserfolge bei
seinen gut gemeinten Bemühungen, frustrieren ihn zunehmend. Die Leibeigenen nehmen gerne seine Almosen an, sie machen ihm aber immer
wieder deutlich, dass sie unterschiedliche Rollen im gesellschaftlichen System Russlands spielen. Er ist der Herr, der Graf, der Gutsbesitzer, dessen
Autorität nie in Frage gestellt wird. Wie einem Vater hat man ihm zu
gehorchen, sich ihm zu unterwerfen, man kann lediglich an sein Mitleid*

appellieren und in der Not ein Mindestmaß an Versorgung erwarten.
Nechljudow bleibt die Flucht in seine Träume:

Er sah ein für das ganze Leben ausreichendes Gebiet vor sich, auf dem er sich dem Guten hingeben und folglich auch glücklich sein konnte. Er brauchte sich sein Arbeitsfeld nicht erst zu suchen: es war schon da; er hatte eine klar vorgeschriebene Pflicht – er hatte Bauern … Und welch eine erfreuliche und dankbare Arbeit hatte er vor sich! »Inmitten dieser einfachen, leicht empfänglichen, unverdorbenen Menschenklasse wirken, sie von der Armut befreien, ihr Wohlstand schaffen, Bildung übermitteln, die ich ja zum Glück besitze, sie von ihren Lastern heilen, die durch Unbildung und Aberglauben entstanden sind, ihre Sittlichkeit heben und sie lehren, das Gute zu lieben … Welch strahlende, glückliche Zukunft! Und bei alldem werde ich, der ich dies alles um meines eigenen Glückes willen tue, ihre Dankbarkeit genießen, werde sehen, wie ich mich täglich mehr und mehr dem vorgesteckten Ziele nähere. Herrliche Zukunft! Wie habe ich das nicht früher gesehen!«

Leo Tolstoi bewahrte sich diesen Traum das ganze Leben über – jetzt aber, als junger Erwachsener, wollte er die Enge Jasnaja Poljanas verlassen. Wie viele seiner Altersgenossen suchte er neue Erfahrungen, suchte Abenteuer, suchte seinen Platz im Leben. Schon Ende 1848 verließ er sein Gut, pendelte zwischen Tula, Moskau und Petersburg, hatte mehrere Affären, trank und spielte, war mit sich und seinem Leben unzufrieden. Sein Tagebuch ist voll von Selbstanklagen und voller Grübeleien über seine Charakterschwäche, die fehlende Bildung, die (wie er es sah) Hässlichkeit seines Äußeren.

Im Januar 1851 schließlich werden seine Pläne, schriftstellerisch tätig zu werden, konkreter. Doch bereits kurz darauf fasst Leo Tolstoi den Entschluss, Offizier zu werden und seinem Bruder Nikolai in den Kaukasus zu folgen.

Krieg und Kaukasus, Exotik und Patriotismus

Skizze von Leo Tolstoi: Tscherkesse
(Kaukasusbewohner)

Für einen russischen Adligen war es ganz normal, dass er entweder in den zivilen Staatsdienst eintrat oder als Offizier diente. Die Tätigkeit als Beamter in der Verwaltung konnte den jungen lebenshungrigen Leo Tolstoi nicht lange befriedigen. Bereits nach wenigen Wochen brach er seinen Dienst in der Gouvernementsverwaltung Tula ab – er wartete nicht einmal das Ausstellen seiner Entlassungspapiere ab, was ihm bald große Probleme bereiten sollte.

Am 20. April 1851 machte sich Leo gemeinsam mit seinem älteren Bruder Nikolai auf den Weg in den Kaukasus, wo die Einheit Nikolais stationiert war. Groß war die Entfernung von Tula bis in den äußersten Süden des Russischen Reiches, weit über 1 000 Kilometer, und die Umwege über Moskau und Kasan machten die Reise nicht kürzer. Insgesamt waren die Brüder 40 Tage per Kutsche und Flussschiff unterwegs.

Russland versuchte schon seit längerer Zeit, die Gebirgsregion an der Grenze zur Türkei vollständig unter seine Kontrolle zu bringen. Die vielen unterschiedlichen Völker des Kaukasus leisteten aber erbitterten Widerstand und waren mit ihrer Guerillataktik zeitweise sehr erfolgreich. Insbesondere die Tschetschenen erwiesen sich als starker und oft auch grausamer Gegner.

Erstes Ziel der Brüder war eine Kosakensiedlung am Fuße des Kaukasus. Leo musste aber bald nach Tiflis weiterreisen, um bei dem dortigen russischen Oberbefehlshaber vorstellig zu werden. Seine Papiere waren unvollständig, und so musste der junge Freiwillige länger in der heutigen Hauptstadt Georgiens bleiben, als er angenommen hatte. Er mietete bei einem deutschen Aussiedler ein Zimmer und hatte so nebenbei die Möglichkeit, seine Deutschkenntnisse zu trainieren. Aber auch der zuständige General war deutscher Herkunft, und Leo hatte wiederholt Anlass, über die sprichwörtliche Gründlichkeit des Vorgesetzten zu schimpfen.

Schließlich kehrte Leo unverrichteter Dinge zu seiner Einheit, in der er als »Kriegsfreiwilliger« ohne Rang diente, zurück. Dieser unbefriedigende Zustand hielt 2 ½ Jahre an, bis Leo Tolstoi den Kaukasus wieder verließ. Inzwischen arrangierte sich der junge Graf mit der Situation, genoss die südliche Umgebung mit ihrer fremden Natur, begeisterte sich für das andere, »unzivilisierte« Leben, verliebte sich mehrfach in Mädchen unterschiedlicher Herkunft, spielte Karten, ging auf die Jagd.

Trotzdem schrieb er an seinem 23. Geburtstag frustriert in sein Tagebuch:

Habe Frauen gehabt, habe mich schwach gezeigt in vielen Fällen, im einfachen Umgang mit Menschen, in der Gefahr, im Kartenspiel, und stecke noch immer voll falscher Scham. Habe viel gelogen.

In dieser schwierigen Phase greift Tolstoi aber seine begonnenen literarischen Projekte wieder auf und vollendet den ersten Teil (Kindheit) seiner bereits erwähnten und zitierten Trilogie. Im Juli 1852 schickt er das Manuskript an den Dichter Nekrassow, der die renommierte Literaturzeitschrift »Der Zeitgenosse« herausgibt. Nekrassow erkennt sofort die literarische Qualität und veröffentlicht bereits kurz darauf den Text, durch den das russische Publikum mit dem neuen Schriftsteller bekannt gemacht wird.

Tolstoi fühlt sich auf seinem Weg bestätigt, verfasst den 2. und 3. Teil der Trilogie, verarbeitet aber auch seine kaukasischen Erlebnisse in Form kürzerer und längerer Erzählungen. Der erste dieser Texte trägt den Titel »Der Überfall«; er erscheint mit zeitlicher Verzögerung im Jahr 1856.

Gleich zu Beginn distanziert sich Tolstoi, der wie sein Ich-Erzähler ein Freiwilliger und kein Berufssoldat ist, von seinen romantischen Vorgängern Puschkin und Lermontow, gleichzeitig aber auch von offiziellen Kriegsberichterstattern. Sein Erzähler steht neben oder über den Dingen, schaut mit einem manchmal naiv scheinenden Blick auf die Vorgänge, die dadurch ungewöhnlich und zum Teil unsinnig erscheinen. Im Einleitungsteil wird dies bezüglich des Begriffs »Tapferkeit« deutlich.

Der Krieg hat mich immer interessiert. Krieg nicht im Sinne der Kombinationen großer Feldherrn, – meine Phantasie weigerte sich stets, solchen großen Unternehmungen zu folgen; ich verstand sie nicht. Mich interessierte die Tatsache des Krieges an sich, das gegenseitige Töten. Es interessiert mich mehr, wie und von welchen Gefühlen getrieben ein Soldat den andern tötet, als wie die Armeen bei Austerlitz oder Borodino verteilt waren.

Die Zeit ist für mich längst vorüber, wo ich allein in meinem Zimmer auf und ab ging, mit den Armen fuchtelte und mich in die Rolle eines Helden hineindachte, der mit einem Schlage viele Tausende von Menschen ums Leben bringt und dafür zum General befördert wird und unsterblichen Ruhm gewinnt. Mich beschäftigte nur die Frage: welches Gefühl treibt den Menschen dazu, sich ohne sichtbaren Nutzen für ihn selbst einer Gefahr auszusetzen und, was noch merkwürdiger ist, seinesgleichen zu töten? Ich wollte mir immer gerne vorstellen, dass dieses aus dem Gefühl einer gewissen Erbitterung heraus geschehe; man kann sich aber nicht gut vorstellen, dass alle Kämpfenden ewig erbittert sind; ich musste also Selbsterhaltungstrieb und Pflichtgefühl annehmen.

Was ist denn die Tapferkeit, diese Eigenschaft, die zu allen Zeiten und bei allen Völkern in so hohem Ansehen steht? Wie kommt es, dass diese gute Eigenschaft, im Gegensatz zu allen anderen, sich zuweilen auch bei lasterhaften Menschen findet? [...]

Jede Gefahr bietet die Möglichkeit einer Wahl. Ist nicht eigentlich die Wahl, die unter dem Einfluss eines edeln oder eines niedrigen Gefühls getroffen wird, das, was man Tapferkeit oder Feigheit nennen sollte? Diese Fragen und Zweifel waren es, die mich plagten und zu deren Lösung ich entschlossen war. die erste Gelegenheit zu aktiver Teilnahme an einem Gefecht wahrzunehmen.

Der positive Held der Erzählung ist Hauptmann Chlopow, ein unscheinbarer Offizier, der es für selbstverständlich hält, seine Pflicht zu tun, ohne sich durch auffällige Heldentaten hervorzutun. Ihm gegenüber stehen andere Offiziere, die auf äußere Wirkung und berufliche Karriere bedacht sind sowie zweifelhaften (literarischen) Vorbildern nacheifern.

Oder er ging öfter mit zwei oder drei »friedlichen« Tataren in die Berge, um sich an der Straße in den Hinterhalt zu legen und den vorüber kommenden feindlichen Tataren aufzulauern und sie niederzuknallen; zwar sagte ihm sein Herz, dass dies keine große Heldentat sei, aber er hielt es für seine Pflicht, den Menschen Leid zuzufügen, weil er sich angeblich in ihnen getäuscht hatte und sie hasste und verachtete. Er legte zwei Dinge niemals ab: ein großes Heiligenbild, das er auf der Brust trug, und einen Dolch über dem Hemde, mit dem er sogar zu Bett ging. Er war aufrichtig überzeugt, dass er Feinde hatte. Sich einzureden, dass er an irgend jemand Rache zu nehmen habe und die

Schmach mit Blut sühnen müsse, war für ihn der größte Genuss. Er war überzeugt, dass die Gefühle des Hasses, der Rache und der Verachtung gegen das ganze menschliche Geschlecht die erhabensten, poetischsten Gefühle seien. Allein seine Geliebte – natürlich eine Tscherkessin, die ich später auch zu sehen bekam – behauptete, er sei der gutmütigste und sanfteste Mensch von der Welt; jeden Abend schreibe er an seinen düsteren Memoiren, notiere seine Ausgaben und Einnahmen auf entsprechend liniiertem Papier und spreche kniend sein Gebet. Und wie viel hatte er leiden müssen, um nur in seinen eigenen Augen das zu scheinen, was er sein wollte!

Die eigentliche Handlung der Erzählung besteht aus dem Auszug einer Einheit zu einer militärischen Aktion, deren Sinn unklar bleibt. Beschrieben werden Hin- und Rückweg, mit den sich unterwegs entwickelnden Kämpfen, sowie die Besetzung und Plünderung eines Bergdorfes. Dem Erzähler fällt der Gleichmut der Soldaten auf, die routiniert ihre Arbeit erledigen. Der Freiwillige bemerkt aber noch eine andere Auffälligkeit: die Diskrepanz zwischen der Harmonie der prächtigen Bergwelt und ihrer Natur einerseits und den kriegerischen Aktivitäten der Menschen andererseits. Dies führt den Erzähler schließlich dazu, nach der Berechtigung der Kampfhandlungen zu fragen.

Die Natur atmete versöhnende Schönheit und Kraft.

Ist es den Menschen wirklich zu eng in dieser schönen Welt, unter diesem grenzenlos weiten Sternenhimmel? Kann denn wirklich inmitten dieser bezaubernden Natur in der Seele des Menschen ein Gefühl des Hasses, der Rache, der Wunsch, seinesgleichen zu vernichten, lebendig bleiben? Alles Böse im Herzen des Menschen müsste doch verschwinden durch die Berührung mit der Natur, diesem unmittelbarsten Ausdruck des Schönen und Guten!

Krieg! Welch seltsame Erscheinung! Wenn der Verstand sich die Frage stellt: Ist der Krieg gerecht, ist er notwendig? so antwortet eine innere Stimme stets: Nein! Nur dass diese unnatürliche Erscheinung immer wieder eintritt, macht sie natürlich und den Selbsterhaltungstrieb gerecht.

Wer kann daran zweifeln, dass in dem Krieg der Russen mit den Bergbewohnern das Recht, das sich auf dem Selbsterhaltungstrieb aufbaut, auf unserer Seite ist? Wäre dieser Krieg nicht, wodurch wären dann die angrenzenden reichen, kultivierten russischen Gebiete gegen Überfälle, Plündereien und Mordbrennereien wilder, kriegerischer Völker gesichert? Aber nehmen wir einmal zwei Privatpersonen. Bei wem kann eher von Selbsterhaltungstrieb und also auch von Recht die Rede sein; bei jenem zerlumpten Kerl, er mag Dschemi oder sonst wie heißen, der, als er von dem Nahen der Russen hört, fluchend seine alte Büchse von der Wand nimmt und mit den drei oder vier Schüssen, die er in seinen Patronenhülsen hat und die er nicht umsonst verschießen will, den Russen entgegenläuft; der, als er die Russen trotz allem vorrücken sieht, auf das reifende Kornfeld zu, das sie zerstampfen werden, auf seine Hütte zu, die sie niederbrennen werden, nach der Schlucht hin, in der sich zitternd vor Entsetzen seine Mutter, sein Weib und seine Kinder versteckt haben, nun denkt, dass ihm alles genommen werden soll, was sein Glück war, und in ohnmächtiger Wut mit einem Schrei der Verzweiflung sich seinen zerlumpten Rock vom Leibe reißt, die Büchse auf die Erde wirft, die Papacha tief in die Stirn rückt, das Todeslied anstimmt und, nur noch mit dem Dolch bewaffnet, blindlings in die russischen Bajonette stürzt? Ist er im Recht oder jener Offizier, der zum Gefolge des Generals gehört und der so nette französische Liedchen trällert, gerade wie er bei uns vorbei kommt? Er hat in Russland seine Familie, seine Verwandten, Freunde, seine Bauern, seine Pflichten gegen alle diese Leute; er hat nicht die geringste Veranlassung und auch nicht den Wunsch, mit den Bergbewohnern in Feindschaft zu leben, aber er ist in den Kaukasus gekommen, um zu zeigen, wie tapfer er ist. Oder ist der Adjutant, mein Bekannter, im Recht, der nur möglichst schnell zum Hauptmann befördert werden will und ein einträgliches Pöstchen haben möchte und aus diesem Grunde ein Feind der Bergbewohner geworden ist? Oder jener junge Deutsche, der mit so starkem deutschen Akzent die Zündrute von dem Artilleristen verlangte? Kaspar Lawrentjewitsch stammt, soviel ich weiß, aus Sachsen. Worüber hat er denn mit den Kaukasiern zu streiten? Welcher böse Geist hat ihn aus seiner Heimat vertrieben und in dies ferne Land geworfen? Wie kommt der Sachse Kaspar Lawrentjewitsch dazu, sich in unsern blutigen Zwist mit unseren unruhigen Nachbarn zu mischen?

Als sehe er zum ersten Mal eine Schlacht, befremdet ihn die Theatralik des Kampfes.

Es war in der Tat ein großartiges Schauspiel. Nur eines störte mir als Unbeteiligtem, an dergleichen noch nicht Gewöhntem, den Gesamteindruck und schien mir überflüssig – nämlich diese ganze Bewegung, die Begeisterung, das Geschrei. Ich musste unwillkürlich an einen Menschen denken, der mit einer Axt aus aller Gewalt in die leere Luft haut.

Die Plünderung des Dorfes schließlich erscheint als völlig sinnloses, willkürliches und grausames Geschehen. Die Darstellung des zynischen Verhaltens des kommandierenden Generals führte übrigens dazu, dass diese Passage von der Zensur gestrichen wurde.

Die langen sauberen Hütten mit den flachen Erddächern und den schönen Schornsteinen lagen auf den unebenen, steinigen Hügeln verstreut, zwischen denen ein kleines Flüsschen hindurchströmte. Auf der einen Seite waren vom hellen Sonnenschein beleuchtete grüne Gärten mit riesigen Birnen- und Pflaumenbäumen zu sehen; auf der anderen Seite ragten eigentümliche Schatten empor: die senkrecht aufgerichteten hohen Grabsteine […].

Die Truppen hielten in voller Ordnung vor dem Tore.

»Nun, Herr Oberst«, sagte der General, »mögen sie plündern. Ich sehe es ja, sie haben furchtbare Lust«, fügte er hinzu und zeigte lächelnd auf die Kosaken.

Man kann sich kaum vorstellen, wie verblüffend der Gegensatz zwischen der Nachlässigkeit war, mit der der General diese Worte sprach, und der Bedeutung, die sie in dieser kriegerischen Umgebung hatten.

Eine Minute danach hatten sich Dragoner, Kosaken, Infanteristen mit sichtlicher Freude in den krummen Gassen zerstreut und das verödete Dorf belebte sich mit einemmal wieder. Da bricht ein Dach zusammen, da schlägt die Axt gegen festes Holz und wird eine Tür aufgebrochen; da fängt ein Heuschober, ein Zaun, eine Hütte zu brennen an und dichter Rauch steigt als Säule in die klare Luft hinauf. Da schleppt ein Kosak einen Sack Mehl und einen Teppich; ein Soldat bringt mit freudestrahlendem Gesicht eine Blechschüssel und irgendeinen Lappen aus einer Hütte; ein anderer läuft mit ausgebreiteten Armen hinter zwei Hühnern her, die gackernd gegen den Zaun rennen; ein dritter hat irgendwo einen riesigen Topf mit Milch gefunden, trinkt daraus und wirft ihn dann laut lachend auf den Boden.

Dass auf dem Rückweg ein junger Offizier fällt, dem sein unsinniger Wagemut zum Verhängnis wird, erscheint nur konsequent. Das ist gerade nicht die »russische Tapferkeit«, die Tolstoi dem inszenierten »französischen Heldentum« gegenüberstellt.

Der Franzose, der bei Waterloo sprach: »La garde meurt, mais ne se rend pas!« (Die Garde stirbt, aber sie ergibt sich nicht!) und die anderen, besonders französischen Helden, die bemerkenswerte Aussprüche taten, waren tapfer und ihre Aussprüche sind in der Tat beachtenswert. Allein zwischen ihrer Tapferkeit und der des Hauptmanns besteht der Unterschied, dass wenn selbst, gleichviel bei welcher Gelegenheit, ein großes Wort in der Seele meines Helden lebendig geworden wäre, er –

davon bin ich überzeugt – es nicht ausgesprochen hätte: erstens hätte
er gefürchtet, durch das Aussprechen des großen Wortes dem großen
Werk zu schaden; zweitens aber bedarf es keiner großen Worte, wenn
der Mensch in sich die Kraft fühlt, ein großes Werk zu vollbringen. Das
ist meiner Meinung nach der eigentümliche und erhabene Zug der russischen Tapferkeit; und wie soll ein russisches Herz da nicht Schmerz
empfinden, wenn aus dem Munde unserer jungen Krieger banale französische Phrasen kommen, die Anspruch darauf erheben, das veraltete
französische Rittertum nachzuahmen? …

*Im Februar 1854 endlich erhält Leo Tolstoi seine Papiere; er wird zum
Fähnrich befördert und zur Donauarmee versetzt, die im heutigen Ru-
mänien gegen die Türkei kämpft. Der alte Konflikt mit dem Türkischen
Reich war eskaliert, weil sich Russland als Schutzmacht der christlich-
orthodoxen Völker auf dem Balkan sah,
die unter türkischer Kontrolle lebten: die
Griechen, die Serben und die Bulgaren. Es
ging aber nicht nur um einen Krieg gegen
den Islam, sondern auch um machtpoliti-
sche Ziele wie die Durchfahrt vom Schwarzen Meer zum Mittelmeer. Die russischen
Truppen waren zunächst erfolgreich und
drängten den Gegner in die Defensive, aber
dann gab es politischen Druck von Seiten
Österreich-Ungarns, das auch Ansprüche
auf den Balkan erhob. Die endgültige Wen-
de stellte dann der Kriegseintritt Englands
und Frankreichs dar. Zum Hauptkriegs-
schauplatz wurde die Halbinsel Krim,
und auch der Artillerieoffizier Leo Tolstoi
wurde mit seiner Batterie in die belagerte
Hauptstadt Sewastopol verlegt.*

Tolstoi als Offizier 1854

Wie im Kaukasus beweist er auch hier auf schwierigem Posten Umsicht und Mut. Zeitweise liegt er mit seiner Einheit an vorderster Front. Er erlebt den Krieg von seiner schrecklichsten Seite und sieht zugleich mit eigenen Augen, wie rückständig Russland und seine Armee sind. Die technische Überlegenheit der Franzosen und Engländer ist erdrückend, hinzu kommen Schlamperei und Korruption der russischen Beamten, die minderwertiges Material an die Truppe liefern.

Als Tolstoi auf eine ruhigere Position versetzt wird, greift er sofort wieder seine literarischen Pläne auf und verfasst – im Abstand mehrerer Monate – seine dreiteiligen »Sewastopoler Skizzen«. Der Einstieg in den Text »Sewastopol im Dezember« zeichnet ein ruhiges Bild von Stadt und Natur.

Die Morgenröte beginnt soeben erst den Horizont über dem Sapunberg zu färben; die dunkelblaue Oberfläche des Meeres hat die Dämmerung der Nacht bereits abgeschüttelt und erwartet den ersten Sonnenstrahl, um in heiterem Glänze aufzuleuchten; Kälte und Nebel dringen aus der Bucht hervor: es liegt kein Schnee, alles ist schwarz, aber der scharfe Morgenfrost packt das Gesicht und knirscht unter den Füßen; die Stille wird einzig durch das ferne, unaufhörliche Brausen des Meeres unterbrochen, das nur hin und wieder von den dröhnenden Schüssen in Sewastopol übertönt wird. Auf den Schiffen ist es totenstill; es schlägt acht Glas.

Der Erzähler, der den Leser durch die Stadt, an die Front und wieder zurück nach Sewastopol führt, nimmt selbst nicht am Geschehen teil, er ist vielmehr ein aufmerksamer Beobachter, der seine Eindrücke oft in Form der Aufzählung von Details wiedergibt, die der Leser dann wieder zu einem Gesamtbild zusammensetzen muss. Ein weiteres wichtiges Verfahren beim Schreiben ist die Gegenüberstellung gegensätzlicher Erscheinungen – hier das Durcheinander der Frontstadt, dort die Gelassenheit der Einwohner und der Soldaten:

Am Kai bewegt sich eine lärmende Menge grauer Soldaten, schwarzer
Matrosen und bunt gekleideter Frauen. Weiber verkaufen Semmeln,
[…] gleich daneben liegen auf den ersten Stufen verrostete Kanonen-
kugeln, Bomben, Kartätschen und gusseiserne Kanonen verschiede-
ner Kaliber unordentlich durcheinander; etwas weiter ist ein großer
Platz, auf dem riesige Balken, Lafetten und schlafende Soldaten her-
umliegen; da stehen Pferde, Karren, grüne Geschütze und Protzkäs-
ten, Gewehrpyramiden der Infanteristen; Soldaten, Matrosen, Offiziere, Frauen, Kinder und Händler gehen ab und zu. Wagen mit Heu,
mit Säcken und Fässern fahren vorüber: hier und da sieht man einen
Kosaken und einen Offizier zu Pferde, einen General in einem Wagen.
Rechts ist die Straße durch eine Barrikade versperrt, in deren Schieß-
scharten kleine Kanonen stehen: neben ihnen sitzt ein Matrose und
raucht sein Pfeifchen. Links erhebt sich ein schönes Haus mit römischen Zahlen am Spitzgiebel über dem Eingang, neben dem Soldaten
und blutgefleckte Tragbahren stehen, – überall sieht man die unan-
genehmen Spuren des Kriegslagers. Der erste Eindruck ist unbedingt
höchst unerfreulich: dieses seltsame Durcheinander von städtischem
und Lagerleben, die Verbindung der schönen Stadt mit dem schmutzigen Biwak ist nicht nur hässlich, sondern wird als widerwärtige Unordnung empfunden; man hat sogar das Gefühl, als seien alle von
Schreck erfasst, als liefen sie unruhig umher und wüssten nicht, was
sie anfangen sollten. Aber man sehe sich die Mienen dieser Leute
genauer an, die sich hier überall tummeln, und man wird eine ganze
andere Meinung gewinnen. Nehmen wir etwa diesen Trainsoldaten,
der ein braunes Dreigespann zur Tränke führt und so seelenruhig
etwas vor sich hin in seinen Bart brummt, dass er sich ganz gewiss
nicht in dieser buntscheckigen Menge verlieren wird, die gar nicht
für ihn vorhanden ist. Er tut seine Pflicht, welcher Art sie auch
sein mag – Pferde tränken oder Geschütze schleppen – ebenso ruhig,
selbstbewusst und gleichgültig, als geschehe das irgendwo in Tula
oder Saransk. Denselben Ausdruck lesen wir auch im Gesicht jenes

Offiziers, der in tadellos weißen Handschuhen vorübergeht, [...] und im Gesicht dieses jungen Mädchens, das auf den Steinen über die Straße hüpft, um sein rosa Kleid nicht nass zu machen.

Die Heldentaten der Verteidiger werden zu etwas Alltäglichem, werden deshalb aber nicht weniger bedeutend; das russische Volk verteidigt seine Heimat, und man spürt den Stolz und den Patriotismus des Autors, der seinen Erzähler abschließend resümieren lässt:

Nun haben wir also die Verteidiger Sewastopols am Ort der Verteidigung selbst gesehen; wir gehen zurück, ohne den Geschossen und Kugeln, die auf dem ganzen Weg bis zum zerstörten Theater immer weiter um uns pfeifen, auch nur die geringste Beachtung zu schenken. Wir gehen ruhigen, erhobenen Geistes dahin. Die wichtigste, freudigste Überzeugung, die wir davongetragen haben, ist die Überzeugung von der Unmöglichkeit, die Kraft des russischen Volkes, wo es auch sein mag, zu erschüttern, und von dieser Unmöglichkeit haben uns nicht die Unmenge von Querwällen, Brustwehren, klug angelegten Laufgräben, Minen und übereinander aufgebauten Geschützen überzeugt, denn von alledem haben wir nichts begriffen; sondern wir haben sie in den Augen, in den Reden, in dem Gebaren der Leute gelesen, in dem, was man den Geist der Verteidiger Sewastopols nennt. Sie tun das, was sie tun, so einfach, mit so wenig Anstrengung und Anspannung, dass man überzeugt wird, sie könnten noch hundertmal mehr tun ... sie könnten alles! Wir begreifen, dass das Gefühl, das sie zur Arbeit zwingt, nicht jenes Gefühl der Kleinlichkeit, Eitelkeit und Vergesslichkeit ist, das wir selbst so oft empfunden haben, sondern ein anderes, mächtigeres Gefühl, das Menschen aus ihnen gemacht hat, die ebenso ruhig unter den Geschossen leben, unter hundert Möglichkeiten des Todes, statt der einen, der alle Menschen unterworfen sind, und die in diesen Verhältnissen in ununterbrochener Arbeit, ohne Schlaf, in Schlamm und Schmutz leben müssen. Um eines Ordens, eines Titels, einer Drohung willen vermögen Menschen solche entsetzliche Verhältnisse nicht auf sich zu nehmen: dies muss einen anderen, hohen, zwingenden Grund haben.

Doch die Einstellung Tolstois zum Krieg wandelt sich, je länger er Augenzeuge des mörderischen Kampfes ist. Im 2. Teil der Skizzen, den er unter dem Titel »Sewastopol im Mai« veröffentlicht, legt er seinem Erzähler Worte in den Mund, die die wachsende Skepsis erkennen lässt:

Aber die Frage, die die Diplomaten nicht gelöst haben, kann noch weniger mit Pulver und Blut gelöst werden. Mir ist oft ein merkwürdiger Gedanke gekommen: wie, wenn die eine kriegführende Partei der anderen vorschlüge, aus jeder Armee einen Soldaten zu entlassen? Dieses Verlangen könnte seltsam erscheinen, aber warum sollte man es nicht erfüllen? Dann auf jeder Seite einen zweiten entlassen, einen dritten, einen vierten und so weiter, bis in jeder Armee nur noch ein Soldat vorhanden ist (vorausgesetzt, dass die Armeen gleich stark sind und dass Quantität durch Qualität ersetzt werden könnte). Und dann, wenn wirklich verwickelte politische Fragen zwischen vernünftigen Vertretern vernünftiger Geschöpfe durch Kampf entschieden werden müssen, sollten diese zwei Soldaten sich miteinander herumprügeln – der eine sollte die Stadt belagern und der andere sie verteidigen. Diese Überlegung mag paradox erscheinen, aber sie ist richtig. Tatsächlich, was für ein Unterschied besteht denn zwischen einem Russen, der gegen einen Vertreter der Verbündeten kämpft, und achtzigtausend Russen, die gegen andere achtzigtausend Soldaten kämpfen? Warum nicht fünfunddreißigtausend gegen fünfunddreißigtausend? Warum nicht zwanzigtausend gegen zwanzigtausend ? Warum nicht zwanzig gegen zwanzig? Warum nicht einer gegen einen? Das eine ist nicht logischer als das andere. Das letztere ist viel logischer, weil es menschlicher ist. Eins von beiden: entweder der Krieg ein Wahnsinn, oder wenn die Menschen diesen Wahnsinn begehen, sind sie alles andere als vernünftige Geschöpfe, obwohl wir sie aus irgendeinem Grunde dafür halten.

Jetzt wird auch differenziert zwischen den ehrlichen und tapferen Soldaten einerseits und den höheren Offizieren andererseits:

Kalugin, Fürst Galyzyn und irgendein Oberst gingen Arm in Arm in der Nähe des Pavillons auf und ab und sprachen von dem gestrigen Gefecht. Die eigentliche Richtschnur des Gesprächs bildete, wie immer in solchen Fällen, nicht das Gefecht selbst, sondern der Anteil, den der Erzähler daran genommen hatte. Ihre Gesichter und der Ton ihrer Stimme hatten einen ernsten, beinahe traurigen Ausdruck, als wenn die Verluste des gestrigen Tages jeden von ihnen schwer ergriffen und betrübt hätten; um aber die Wahrheit zu sagen: da keiner von ihnen einen ihm besonders nahe stehenden Menschen verloren hatte, so war dieser Ausdruck der Betrübnis auch nur offiziell; sie hielten es eben für ihre Pflicht, ihn zur Schau zu tragen. Ja mehr noch, – Kalugin und der Oberst wären bereit gewesen, jeden Tag ein solches Gefecht mit anzusehen, wenn sie nur jedes Mal einen goldenen Säbel und die Beförderung zum Generalmajor dabei hätten bekommen können!

Tolstoi nach Beendigung des Krimkrieges (1856)

Im dritten Teil »Sewastopol im August« schließlich werden die letzten Tage der Schlacht geschildert, die Erstürmung der Verteidigungsanlagen und der Rückzug der geschlagenen Armee. Am Beispiel des Schicksals zweier Brüder, die sich als Offiziere an der Front treffen, wird erneut das Wesen der »Tapferkeit« thematisiert. Beide sterben in dieser letzten Schlacht, und Tolstoi schildert sehr einfühlsam und spannend die Gedanken und Gefühle der jungen Männer. –

Dann ist alles vorbei. Der Erzähler lässt seinen Blick wie eine Kamera schweifen und erfasst erneut die Einzelheiten, die additiv aneinander gereiht werden:

Auf der ganzen Linie der Bastionen von Sewastopol, auf denen so viele Monate hindurch ein ungewöhnliches, tatkräftiges Leben gebrandet hatte, die so viele Monate hindurch sterbende Helden gesehen, die der Tod einen nach dem andern abgelöst, die so viele Monate hindurch die Furcht, den Hass und zuletzt die Begeisterung der Feinde erregt hatten, – auf den Bastionen von Sewastopol war nirgends mehr eine Seele zu erblicken. Alles war tot, wüst, entsetzlich, aber nicht still: die Zerstörung dauerte fort. Auf der durch neue Explosionen abbröckelnden Erde lagen überall zerbogene Lafetten, die Menschenleiber – russische und feindliche – unter sich begraben hatten, schwere, für immer verstummte eiserne Kanonen, die mit gewaltiger Kraft in die Gräben hinabgeschleudert und zur Hälfte von Erde verschüttet waren, Bomben, Kugeln, wiederum Leichen, Gruben, Splitter von Balken und Blendungen, und wieder stumme Leichen in grauen und blauen Mänteln.

Bei dieser Technik bleibt Tolstoi bis zum Ende des Textes, jetzt geht es aber nicht mehr um Äußerlichkeiten, sondern um »die Seelen« der Betroffenen und die patriotischen Gefühle der abziehenden Soldaten.

Mit den Bajonetten aneinander stoßend, drängte sich die Infanterie mit ihren Regimentern, Besatzungen und Landwehrabteilungen zusammen, berittene Offiziere zwängten sich, Befehle erteilend, hindurch, Einwohner und Offiziersburschen mit Gepäck, das nicht durchgelassen wurde, weinten und flehten; mit Rädergerassel bahnte sich die Artillerie, die sich beeilte, in Sicherheit zu kommen, den Weg nach der Bucht. Obgleich jeder mit den verschiedenartigsten Dingen vollauf beschäftigt war, erfüllte das Gefühl der Selbsterhaltung und der Wunsch, so schnell als möglich von dieser furchtbaren Stätte des Todes fortzukommen, die Seele jedes einzelnen. Dieses Gefühl erfüllte die Seele des tödlich verwundeten Soldaten, der zwischen fünfhundert ebensolchen Verwundeten auf dem Steinboden des Pauls-Kais lag und Gott um den Tod anflehte, die Seele des Landwehrmanns, der sich mit seiner letzten Kraft in die dichte Menge drängte, um einem berittenen General auszuweichen, die Seele des Generals, der die Überfahrt mit Entschlossenheit leitete und die Hast der Soldaten eindämmte, die Seele des Matrosen, der in ein vorwärts strebendes Bataillon geraten war und, von der flutenden Menge zusammengedrückt, beinahe der Möglichkeit zu atmen beraubt wurde, die Seele des verwundeten Offiziers, den vier Soldaten auf einer Bahre getragen und den sie, durch die zusammen gestaute Menge angehalten, auf den Boden neben der Nikolai-Batterie niedergelegt hatten, die Seele des Artilleristen, der sechzehn Jahre lang bei seinem Geschütz gedient und nun, auf einen für ihn ganz unbegreiflichen Befehl des Vorgesetzten hin, dieses Geschütz mit Hilfe der Kameraden von dem steilen Ufer in die Bucht hinabstoßen musste, die Seelen der Seeleute, die soeben erst Löcher in den Boden der Schiffe geschlagen hatten, und hurtig rudernd, auf den Barkassen von ihnen abstießen. Fast jeder Soldat, der die Brücke am andern Ende verließ, nahm die Mütze ab und bekreuzigte sich. Doch hinter diesem Gefühl barg sich ein anderes, schweres, nagendes und tieferes Gefühl, das wie Reue, Scham und Zorn aussah. Fast jeder Soldat, der von der Nordseite auf das verlassene Sewastopol hinüberblickte, seufzte mit unaussprechlicher Bitternis im Herzen und hob die Faust drohend gegen den Feind.

Das Ende der Schlacht ist praktisch auch das Ende des Krieges. Die Niederlage wird zu einem Wendepunkt in der Geschichte Russlands und im Leben Tolstois. Als Leo Tolstoi im November 1855 nach Sankt Petersburg kommt, findet er eine völlig veränderte Situation vor. Nach dem Tod

Nikolaus' I., des »Gendarms Europas«, der stets bereit war, im In- und Ausland alle demokratischen Bewegungen mit Gewalt zu unterdrücken, hatte sein Sohn Alexander II. die Regierung angetreten. Alle erwarteten nun tiefgreifende Reformen, da der verlorene Krieg deutlich gezeigt hatte, wie rückständig das riesige russische Reich war. Als dringlichste Frage galt dabei die Befreiung der leibeigenen Bauern.

Auch in der Literatur wurde darum gestritten, und Tolstoi kam nicht umhin, Stellung zu beziehen. Zunächst aber genoss er den ersten dichterischen Ruhm in der Gesellschaft der bereits länger etablierten Autoren wie Nekrassow und Turgenjew. Der 27-Jährige setzte seine »wilden Jahre« fort, verbrachte die Nächte in zweifelhafter Gesellschaft, trank viel und verspielte mehr, als er verdiente. So verging der Winter 1855/56, ohne dass Tolstoi das Gefühl bekam, in seiner eigenen Entwicklung wesentlich vorwärts zu kommen.

Er tat dann das, was bei gebildeten Russen seit längerer Zeit üblich war – er begab sich auf eine Reise durch das europäische Ausland. Besonders beliebt waren die Länder, von denen man sich Anregungen für die persönliche Bildung erwartete: Preußen, Italien (wegen der Begegnung mit der Antike), Frankreich und die Schweiz (wegen der immer noch großen Bedeutung Rousseaus) und England (als Inbegriff des Fortschritts).

Im Februar 1856 reist Leo Tolstoi nach Paris, und er ist zunächst überwältigt von den Museen und Bällen. Was ihn aber schon bald bedenklich stimmt, ist die Verehrung Napoleons I., den er selbst für einen »Massenmörder« hält. Sein positives Bild von der westeuropäischen Kultur gerät dann endgültig ins Wanken, als er am Tag vor seiner Abreise

Zar Nikolaus I.

einer öffentlichen Hinrichtung beiwohnt. Die technisch perfekte, aber unmenschlich automatisch ablaufende Tötung eines jungen gesunden Men-

schen erschüttert Tolstoi wie kaum ein anderes Erlebnis und führt bei ihm zu einer generellen Ablehnung von Gewalt, selbst wenn sie auf einem Gerichtsurteil beruht.

Tolstoi reist weiter in die Schweiz und wandert auf den Spuren Jean-Jacques Rousseaus, dessen Lob des »natürlichen« Lebens der einfachen Schweizer Bauern Tolstois eigenen Ansichten nahe steht. Die Skepsis gegenüber den Errungenschaften der Kultur und des technischen Fortschritts entspricht den Überzeugungen des jungen Russen ebenso wie manche pädagogische Thesen Rousseaus. Die moderne Gesellschaft hingegen wird als egoistisch und gefühllos empfunden.

Eine für Russen damals wie heute obligatorische Station auf der Europareise ist Baden-Baden. Erneut gerät Tolstoi hier in Schwierigkeiten durch seine Spielsucht. Nur durch die finanzielle Unterstützung Turgenjews kann Leo Tolstoi seine Schulden bezahlen und über Dresden und Berlin wieder nach Petersburg zurückkehren.

Auf Jasnaja Poljana stürzt er sich in die Arbeit. Es entstehen mehrere kürzere Erzählungen und andere, früher entstandene, erscheinen im Druck. Der wohl bekannteste Text dieser Phase ist die Parabel »Drei Tode«. Das Thema »Tod« und der Prozess des Sterbens hatten Tolstoi schon immer beschäftigt. Vielleicht aufgrund des frühen Verlustes beider Elternteile, des Todes weiterer Verwandten – zuletzt seines jüngeren Bruders Dmitrij –, aber auch der Kriegserlebnisse taucht die Thematik im Werk Leo Tolstois immer wieder auf.

Leo Tolstoi beschäftigt sich aber nicht nur mit dem Sterben und dem Tod, mit Denken und Schreiben, sondern wie viele andere russische Adlige engagiert er sich für den gewaltigen Reformprozess,

Zar Alexander II.

Russisches Bauernhaus

den der Zar Alexander II. in Angriff genommen hat. Per Erlass hatte man am 19. Februar 1861 die Leibeigenschaft abgeschafft und eine Reihe von Maßnahmen zur Errichtung einer lokalen Selbstverwaltung verkündet. Dieser Schritt, auf den weite Teile der Bevölkerung seit vielen Jahrzehnten gewartet hatten, weckte enorme Hoffnungen und Energien. Leo Tolstoi lässt sich zum Friedensrichter wählen und eröffnet eine eigene Schule auf seinem Gut.

Seine Europareise und die Lektüre der Schriften Rousseaus haben Tolstoi darin bestärkt, dass die aktuelle kulturelle und wirtschaftliche Entwicklung in die falsche Richtung führen. Er lehnt die moderne Technik ab, wehrt sich gegen Eisenbahn und Fabrikproduktion, träumt dagegen von einer positiven Entwicklung des russischen Dorfes. Seine Dorfschule hat ein revolutionäres Programm, aber nicht im politischen, sondern im pädagogischen Sinne. Weil er der Meinung ist, dass der Mensch von Natur aus gut und begabt ist, soll in seiner Schule der persönlichen Entwicklung der Schüler breiter Raum gegeben werden – eine Schule ohne Zwang, bei der alle voneinander lernen, statt vom Lehrer »belehrt« zu werden. Tolstoi lässt die Kinder selbst erzählen und Geschichten schreiben; sein erzieherisches Programm entfaltet er in einer eigenen Zeitschrift,

Russische Dorfkirche

aber auch in Skizzen wie der mit dem Titel »Wer sollte bei wem das Schreiben lernen: die Bauernkinder bei uns oder wir bei den Bauernkindern?«
Als Lehrkräfte stellt der Gutsherr Studenten ein, auch wenn er selbst aktiv am Unterricht teilnimmt. Er wird aber zunehmend durch seine Tätigkeit als Friedensrichter in Anspruch genommen, denn die halbherzig durchgeführten Reformen der Regierung führen zu zahllosen Problemen und Streitigkeiten. Im Herbst eskaliert die Situation, es kommt zu Bauernaufständen und Studentenunruhen, die Unzufriedenheit in der Bevölkerung wächst. Im Februar 1862 gibt er sein Amt als Friedensrichter auf, und im Mai begibt er sich in den Süden Russlands, nach Samara, um seine angeschlagene Gesundheit zu kurieren.

Nur aus der Entfernung bekommt er die weitere politische Entwicklung mit: Im Zuge der Polizeimaßnahmen gegen verdächtige Intellektuelle findet in seiner Abwesenheit in Jasnaja Poljana eine Hausdurchsuchung statt. Man verdächtigt den Grafen, zum Umsturz aufgerufen zu haben und gemeinsam mit den von ihm beschäftigten Studenten revolutionäre Bewegungen zu unterstützen. Auch wenn die Polizei unverrichteter Dinge wieder abziehen muss, da sich nichts Belastendes finden lässt, trifft diese Aktion Leo Tolstoi schwer. Vorübergehend trägt er sich mit dem Gedanken, das Land zu verlassen, auszuwandern und woanders neu anzufangen.

Der erhoffte Neuanfang gelingt ihm dann aber doch im eigenen Land, auf eigenem Grund, und er eröffnet die schöpferischste Phase seines Schriftstellerlebens.

Hochzeit und Ehe – *Krieg und Frieden*

12. September 1862. Ich bin verliebt. Dass man so lieben könnte, hätte ich nie geglaubt. Ich bin dem Wahnsinn nahe und werde mich erschießen, wenn das so weiter geht. Einen ganzen Abend war ich bei ihnen. Sie ist in jeder Beziehung ein prächtiger Mensch [...]
13. September 1862. Morgen gehe ich hin, sobald ich aufgestanden bin, und mache ihr einen Heiratsantrag oder ich bringe mich um [...] 4 Uhr nachts [...] Ich habe ihr einen Brief geschrieben und werde ihn morgen übergeben, d. h. heute am 14. Mein Gott, wie fürchte ich mich zu sterben! Das Glück, und noch dazu dieses, scheint mir unmöglich. Mein Gott, hilf mir!

Leo Tolstois Befürchtungen, die er in seinem Tagebuch festhält, erfüllen sich nicht – am 17. September kommt es zur Verlobung und bereits am 24. zur Hochzeit mit Sofia Behrs, der achtzehnjährigen Tochter eines Moskauer Arztes. Die Familie mütterlicherseits ist dem Bräutigam bereits seit seiner Kindheit bekannt, da ihr Gut in der Nachbarschaft von Jasnaja Poljana liegt; die Mutter hat adlige Vorfahren, ist aber unehelich geboren. Der Vater ist deutscher Herkunft, lutherischen Glaubens, lebt und arbeitet im Kreml, wenngleich in räumlich sehr beengten Verhältnissen. Die Hochzeit der mittleren der drei Töchter mit dem Grafen Tolstoi verspricht sozialen Aufstieg und Anerkennung durch die russische Gesellschaft. Und der 34-jährige Autor und Gutsbesitzer bringt seine junge Braut nach Jasnaja Poljana in der Hoffnung auf Liebe, Harmonie, Stabilität und all das Positive, was er mit dem Begriff »Familie« verbindet.

Der Altersunterschied von 16 Jahren und die Anforderungen des Alltags führen aber schon bald zu Enttäuschungen und Verletzungen, vor allem da auf beiden Seiten zu hohe Erwartungen bestehen. Frustriert notiert Tolstoi in sein Tagebuch:

Alles fort gegeben, nicht etwa nur das […] verbummelte Junggesellenleben wie andere, die geheiratet haben, sondern die ganze Poesie der Liebe, der Gedankenwelt und das Wirken im Volke eingetauscht gegen die Poesie des häuslichen Herdes, der Eigensucht allem gegenüber, was nicht zur Familie gehört, und anstelle all dessen mit Sorgen vom Dorfkneipenniveau entschädigt, um Kinderpuder, Einkocherei, mit Brummigkeit als Zugabe und unter Verzicht auf alles, was das Familienleben erhellt, ohne Liebe, ohne stilles und stolzes Familienglück.

Die Ehe hält lange. Im Verlauf der 48 Ehejahre wechseln sich immer wieder glückliche mit weniger glücklichen Phasen ab; in den ersten 18 Jahren,

Die Braut – Sofia Tolstaja

der Entstehungszeit der beiden großen Romane »Krieg und Frieden« sowie »Anna Karenina«, überwiegen aber insgesamt die positiven Aspekte – nur so ist es möglich, dass diese Meisterwerke der Weltliteratur geschrieben werden. Dabei ist Sofia nicht nur eine erfolgreiche Hausfrau und eine mehrfache Mutter – trotz ihrer 16 Schwangerschaften wirkt sie auch als Redakteurin ihres Mannes und schreibt die immer neuen Varianten der dicken Romane mehrfach von Hand ab.

Unter diesen Bedingungen entsteht im Laufe mehrerer Jahre ein Meisterwerk der Weltliteratur, das auch heute noch von jüngeren und älteren Lesern begeistert verschlungen wird. »Krieg und Frieden« erzählt auf rund 2 000 Seiten die Geschichte zweier Familien und der mit ihnen verbundenen Personen in den Jahren von 1805 bis 1812 (im »Epilog« bis 1820). Es ist die Zeit der Kriege gegen Napoleon, aber auch eine Zeit, in der sich der russische Adel mit Bällen und Empfängen, mit Hochzeiten und anderen Festen, mit Jagden und Gelagen amüsiert. Wie ein roter Faden ziehen sich die Geschicke der Helden Andrej Bolkonskij, Natalja (Natascha) und Nikolaj Rostow. Hinzu kommt als weitere Hauptperson der etwas unbeholfene und äußerlich wenig attraktive Pierre Besuchow, der schon aufgrund der Tatsache, dass er als einzige männliche Figur im Roman kein Militärangehöriger ist, als Außenseiter erscheint. Zu Beginn der Handlung zeichnet der Autor eine idyllische Situation, obwohl der Krieg bereits im Hintergrund droht. Bei einem Namenstag werden dem Leser die für den weiteren Verlauf wichtigen Personen vorgestellt und es wird die Atmosphäre im Hause des Grafen Rostow vermittelt:

Die Tochter der Besucherin ordnete schon ihr Kleid und sah die Mutter fragend an, als man plötzlich im Nebenzimmer Trappeln von Füßen, männlichen und weiblichen, hörte, das sich der Tür näherte, dann den Lärm eines angestoßenen, und umfallenden Stuhles; schließlich kam ein dreizehnjähriges Mädchen ins Zimmer gelaufen, das etwas unter seinem kurzen Mullröckchen versteckte, und blieb mitten im Zimmer stehen. Offenbar war das Mädchen ungewollt, in der Eile des Laufens nicht recht überlegend, so weit vorgedrungen. In der Tür erschien in demselben Augenblick ein Student mit himbeerrotem Kragen, ein Gardeoffizier, ein fünfzehnjähriges Mädchen und ein dicker rotbäckiger Junge in einer Kinderjacke.

Der Graf sprang auf und breitete, sich wiegend, die Arme um das laufende Mädchen.

»Ha, da ist sie ja!« rief er lachend. »Unser Namenstagskind! Ma chère, mein Namenstagskind!« […]

Das schwarzäugige, nicht gerade hübsche, aber muntere Mädchen

mit großem Mund, kindlichen, unverhüllten Schultern, die von dem
raschen Lauf im Mieder zuckten, mit zurückgestrichenen schwarzen
Locken, dünnen bloßen Armen, die kleinen Beine in Spitzenhöschen
und offenen Schuhen, war gerade in dem schönen Alter, da das Mädchen kein Kind mehr, und das Kind noch nicht ein junges Mädchen
ist. Sie machte sich von dem Vater los, eilte zur Mutter und, ohne die
strenge Zurechtweisung zu beachten, verbarg sie ihr gerötetes Gesicht
in den Spitzen des Umhangs der Mutter und lachte laut. Sie lachte
über irgend etwas Bestimmtes, redete abgebrochen von einer Puppe,
die sie unter ihrem Röckchen hervorzog.

»Sehen Sie f… Da ist die Puppe… Mimi heißt sie… Sehen Sie.«

Und Natascha konnte nicht weiterreden (ihr kam alles so lächerlich
vor). Sie ließ sich über die Mutter fallen und kicherte so laut und
schallend los, dass alle, sogar die steife Besucherin, wider Willen auch
lachen mussten.

»Nun geh, geh nur mit deinem kleinen Scheusal!« sagte die Mutter
und schob die Tochter mit verstellter Strenge beiseite. »Das ist meine
Jüngste«, wandte sie sich an die Besucherin.

Natascha hob für einen Augenblick ihr Gesicht aus dem Spitzen-
tuch der Mutter, sah mit lachenden Tränen zu ihr auf und verbarg ihr
Gesicht wieder. […]

Unterdessen hatte sich die ganze junge Generation: Boris, der
Offizier, der Sohn der Fürstin Anna Michajlowna, – Nikolaj, der Student, der älteste Sohn des Grafen, – Sonja, die fünfzehnjährige Nichte
des Grafen und der kleine Petruscha, der jüngste Sohn – im Salon
niedergelassen und alle bemühten sich sichtlich, ihre Munterkeit und
ausgelassene Stimmung, die in ihren Zügen leuchtete, in gebührenden
Grenzen zu halten. Es war zu merken, dass bei ihnen in den Hinter-
zimmern, aus denen sie so eilfertig hergelaufen kamen, lustigere Ge-
spräche geführt worden waren, als hier, nicht nur über Stadtklatsch,
über das Wetter und Comtesse Apraksine. Hin und wieder tauschten
sie Blicke und konnten sich kaum das Lachen verbeißen.

Die beiden jungen Leute, der Student und der Offizier, von Kindheit an Freunde, waren gleichaltrig und beide hübsch, sahen sich aber nicht ähnlich. Boris war ein großer blonder Jüngling mit regelmäßigen, feinen Zügen und ruhigem, hübschem Gesicht; Nikolaj war ein nicht großer, kraushaariger junger Mensch mit offenem Gesichtsausdruck. Auf seiner Oberlippe zeigten sich schon die ersten Barthärchen, und sein ganzes Gesicht drückte Eifer und Begeisterungsfähigkeit aus. Nikolaj errötete, als er den Salon betrat. Offenbar suchte er, fand aber nicht, was er sagen sollte; Boris hingegen fand sich sofort zurecht und erzählte ruhig, in scherzhaftem Tone, wie er die Puppe Mimi noch als junges Mädchen mit unbeschädigter Nase gekannt habe: er erinnere sich, wie sie in den letzten fünf Jahren alt geworden und wie ihr quer über den Schädel der Kopf geplatzt sei. Als er das gesagt, blickte er Natascha an. Natascha wandte sich ab, sah ihren jüngeren Bruder an, der mit zugekniffenen Augen vor tonlosem Lachen bebte, und, nicht imstande noch länger an sich zu halten, hüpfte sie so rasch aus dem Zimmer, wie sie ihre flinken Füße nur irgend tragen konnten. Boris lachte nicht. […]

Boris verließ leise das Zimmer und folgte Natascha; der dicke Junge lief zornig hinter ihnen her, als ärgerte ihn die Störung in ihrem bisherigen Zeitvertreib.

Von den jungen Leuten blieb – abgesehen von der älteren Tochter der Gräfin, die vier Jahre älter war als ihre Schwester und sich schon als Erwachsene fühlte, und des zu Besuch gekommenen jungen Mädchens – nur Nikolaj und die Nichte Sonja im Salon. Sonja war eine zarte kleine Brünette mit weichem, von langen Wimpern beschattetem Blick, einem dicken schwarzen Zopf, der ihr zweimal um den Kopf ging, und gelblichem Teint im Gesicht, besonders aber auf den entblößten mageren, aber graziösen, kräftigen Armen und dem Hals. Die Leichtigkeit ihrer Bewegungen, die Weichheit und Geschmeidigkeit ihrer kleinen Gliedmaßen und ihre etwas listige und zurückhaltende Art erinnerte an ein hübsches, noch nicht ausgewachsenes

Kätzchen, aus dem einmal eine prächtige Katze werden kann. Sie hielt es anscheinend für passend, durch ein Lächeln ihren Anteil an dem allgemeinen Gespräch anzudeuten; aber ohne dass sie es wollte, schauten ihre Augen den demnächst zur Armee abgehenden Kusin mit so leidenschaftlicher jungfräulicher Verehrung an, dass ihr Lächeln niemand auch nur für eine Sekunde täuschen konnte; es war unverkennbar, dass die Katze sich nur nieder geduckt hatte, um hinterher um so energischer zu springen und mit dem Kusin zu spielen, sowie sie erst beide, wie Boris und Natascha, aus diesem Salon wieder heraus wären.

»Ja, ma chère«, sagte der alte Graf, sich zu seiner Besucherin wendend und auf seinen Nikolaj weisend, »hier, sein Freund Boris ist Offizier geworden, und aus Freundschaft will er nun nicht hinter ihm zurückstehen. Er gibt die Universität auf und verlässt mich alten Mann: er tritt in den Heeresdienst ein, ma chère. Dabei hatten wir schon eine so schöne Stelle im Archiv für ihn, und alles andere. Ist das nicht Freundschaft?« fragte der Graf. [...]

»Ich tue das durchaus nicht aus Freundschaft«, entgegnete Nikolaj, auffahrend und sich wie gegen eine schimpfliche Verleumdung wendend. »Das ist durchaus nicht Freundschaft, sondern ich fühle einfach die Berufung zum Kriegsdienst in mir.«

Er sah sich nach seiner Kusine und nach dem anderen jungen Mädchen um; beide sahen ihn beifällig lächelnd an.

»Heute kommt Oberst Schubert vom Pawlograder Husaren-Regiment zu uns zu Tisch. Er war auf Urlaub hier, und will ihn mitnehmen. Was kann man da tun?« sagte der Graf achselzuckend und im scherzenden Ton von einer Sache redend, die ihm offenbar viel Kummer machte.

»Ich habe Ihnen bereits gesagt, Papa«, sagte der Sohn, »wenn Sie mich nicht gehen lassen möchten, dann bleibe ich hier. Aber ich weiß ganz genau, dass ich zu nichts anderem tauge, außer zum Kriegsdienst. Ich bin kein Diplomat und kein Beamter, ich kann meine Gefühle nicht verbergen«, sagte er und schaute dauernd mit der Koketterie seiner frischen Jugend nach Sonja und dem anderen jungen Mädchen. Die kleine Katze saugte sich mit den Augen an ihm fest und schien jede Sekunde bereit zu spielen und ihre Katzennatur zu zeigen.

Im Folgenden begleitet der Leser die Helden durch die Jahre, erlebt mit Natascha und ihrer Freundin Sonja das Erwachsenwerden, mit Andrej und Nikolaj die ersten Kriegserfahrungen, mit Pierre die Suche nach dem Sinn des Lebens in einer Zeit des Umbruchs. Auch wenn zahlreiche ältere Personen die Handlung mitbestimmen, liegt der Schwerpunkt doch bei den Erlebnissen der Zwölf- bis Dreißigjährigen.

Natascha Rostowa gehört die Sympathie des Erzählers. Ihre Entwicklung und ihre Fortschritte, ihre Fehler und Verirrungen werden am genauesten beschrieben. Und in ihrer Person werden die typischen Eigenschaften eines adligen russischen Mädchens der damaligen Zeit verkörpert. Aus heutiger Sicht fällt vor allem die Diskrepanz zwischen der aus Frankreich übernommenen »Hochkultur« des Adels (man sprach französisch, kleidete sich französisch, speiste französisch – kurz: man gab sich französisch) und der russischen Volkskultur der Bauern, Handwerker, Dienstleute ins Auge. Die Tatsache, dass man sich im Krieg mit Frankreich befand, gab dieser Erscheinung eine besondere Brisanz.

Es gibt im 2. Band von Krieg und Frieden eine berühmte Szene, die diese Problematik anhand des Verhaltens und des Tanzes Nataschas darstellt.

Anisja Feodorowna ging willig mit ihrem leichten Gange hinaus, um den Auftrag ihres Herrn auszuführen, und brachte die Gitarre.

Der Onkel blies, ohne jemand anzusehen, den Staub ab, klopfte mit seinen knochigen Fingern auf den Boden der Gitarre, stimmte sie und setzte sich auf seinem Stuhl zurecht. Er griff die Gitarre oben am Halse, zwinkerte Anisja Feodorowna zu, spielte dann aber nicht die »Herrin«, sondern griff einen volltönenden, reinen Akkord und begann dann gemessen ruhig, aber fest in langsamem Tempo das bekannte Lied: »Auf der Straße, auf der Gasse«. In demselben Takt, mit derselben gemessenen Heiterkeit (derselben Heiterkeit, welche Anisja Feodorownas ganzes Wesen ausstrahlte) hallte die Melodie des Liedes zugleich in Nikolajs und Nataschas Seele wider. Anisja Feodorowna wurde rot, lachte, nahm ihr Kopftuch vor das Gesicht und verließ das Zimmer. Der Onkel spielte die Melodie sauber, genau, kräftig weiter und schaute dabei mit verändertem, entzücktem Blick nach der Stelle, die Anisja Feodorowna eben verlassen hatte. Ein ganz leises Lachen spielte auf einer Seite seines Gesichtes unter dem grauen Schnurrbart, namentlich als die Melodie in Schwung kam, das Tempo schneller wurde und das Lied dann mit kunstvollen Läufen abbrach.

»Prachtvoll, prachtvoll, Onkelchen! Noch mal, noch mal!« schrie Natascha, als er geendet hatte. Sie sprang von ihrem Sitz auf, umarmte den Onkel und küsste ihn. »Nikolenka, Nikolenka!« rief sie, sah sich nach dem Bruder um und fragte ihn gleichsam, ob das nicht wundervoll sei. […]

»Ach ja, liebster, bester Onkel!« bettelte Natascha so innig flehend, als hinge ihr Leben davon ab. […]

»Nun, liebe Nichte!« rief der Onkel und schwenkte die Hand, mit der er eben noch den Schlussakkord gegriffen hatte, nach Natascha.

Natascha warf ihr Tuch ab, in das sie sich gehüllt hatte, lief zu dem Onkel, stellte sich vor ihn, stemmte die Hände in die Seiten, machte eine Bewegung mit den Schultern und stand dann still.

Wo, wie, wann hatte diese von einer französischen Emigrantin erzogene kleine Grafentochter aus der russischen Luft, die sie atmete, diesen Geist eingesogen? Woher hatte sie diese Tanzschritte, die doch der pas de châle eigentlich längst hätte verdrängen müssen? Aber dieser Geist und diese Bewegungen waren unnachahmbar, nicht zu erlernen, russisch, so wie sie der Onkel auch von ihr erwartete. Als sie dastand und feierlich-stolz, aber zugleich listig-heiter lächelte, war die Angst, die Nikolaj und die anderen Anwesenden zuerst überkam, die Angst, sie würde die Sache nicht richtig machen, geschwunden, und alle blickten sie voll Bewunderung an.

Sie machte alles so, wie es sein musste, so richtig, so vollkommen richtig, dass Anisja Feodorowna, die ihr gleich das für den Tanz nötige Tuch gereicht hatte, unter Lachen weinen musste, als sie diese zierliche, graziöse, ihr so fremde, in Samt und Seide aufgewachsene Grafentochter sah, die doch alles so gut verstand, was auch in Anisja war und in Anisjas Vater und in ihrer Tante und Mutter und in jedem Russen.

Die Handlung, die sich in manchen Passagen langsamer entfaltet, überschlägt sich dafür an anderer Stelle. Natascha, die mit Andrej verlobt ist, aber ein Jahr auf die Hochzeit warten soll, verliebt sich in einen windigen Frauenheld, der sie kurzerhand eines Nachts entführen will. Auch wenn die Aktion von ihren Freunden Sonja und Pierre verhindert wird, zerbricht die Verlobung und alle schauen mit Resignation und Schwermut in die Zukunft.

Die Mitte des Romans wird dann markiert durch den Angriff Napoleons und seiner grande armée auf Russland im Jahre 1812. Dieser Krieg, der mit der totalen Niederlage Frankreichs endet und den Abstieg des französischen Kaisers einleitet, spielt für das Selbstbewusstsein der Russen bis heute eine besondere Rolle. Als »Vaterländischer Krieg« ging er in die Geschichte ein und bildet zusammen mit dem »Großen Vaterländischen Krieg« gegen Hitlerdeutschland 1941–1945 das Ereignis, das den Widerstandswillen und die Kraft der russischen Bevölkerung gegen Überfälle von außen dokumentiert.

Zu den schon bekannten handelnden Personen treten im Roman nun auch Napoleon, Zar Alexander I. und der russische Feldherr Kutusow. Es wird aber deutlich, dass Tolstoi den Einfluss des einzelnen Menschen auf den Ausgang einer Schlacht oder auf den Verlauf der Geschichte für begrenzt hält. Die Ereignisse entwickeln eine eigene Dynamik, und die Handlung von größeren Menschenmassen erscheint ohnehin kaum vorhersehbar und noch schwieriger steuerbar. Entsprechende Überlegungen nehmen im Roman breiten Raum ein. –

Bei der vor der Übermacht zurückweichenden russischen Armee befindet sich der inzwischen zum General beförderte Fürst Andrej Bolkonskij, als es bei dem Dorf Borodino, unweit von Moskau, zur Entscheidungsschlacht kommt. Im Angesicht des möglichen Todes denkt Andrej über sein bisheriges Leben und über die Liebe nach:

Die für die morgige Schlacht nötigen Befehle hatte er gegeben und erhalten. Zu tun war nichts mehr. Aber seine Gedanken, ganz schlichte, klare und gerade deshalb schreckliche Gedanken, gaben ihm keine Ruhe. Er wusste, dass die morgige Schlacht die fürchterlichste sein würde von allen, die er je mitgemacht, und zum ersten Mal in seinem Leben trat ihm die Möglichkeit seines Todes, ohne jede Beziehung auf Irdisches, ohne einen Gedanken daran, wie sein Tod auf andere Menschen wirken werde, lediglich in Beziehung auf sich selbst, auf seine Seele, lebhaft, fast wie gewiss, einfach und entsetzlich vor Augen. Und von der Höhe dieser Vorstellung sah er plötzlich alles, was ihn bisher gequält und beschäftigt hatte, wie von einem kalten, weißen Licht beleuchtet, ohne Schatten, ohne Perspektive, ohne feste Umrisse. Sein ganzes Leben erschien ihm wie ein Guckkasten, in den er lange durch das Glas und bei künstlicher Beleuchtung hineingeschaut hatte. Jetzt sah er diese schlecht hingepinselten Bilder plötzlich ohne Glas, bei hellem Tageslicht. »Ja, ja, da sind sie, diese Truggestalten, die mich erregt und entzückt und gequält haben«, sagte er zu sich selbst. In der Erinnerung musterte er die Hauptbilder dieses Guckkastens seines Lebens und betrachtete sie bei diesem kalten, weißen Tageslicht, das der klare Gedanke an den Tod über sie warf. »Da sind sie, diese grob gepinselten Bilder, die so schön und geheimnisvoll schienen! Ruhm, Gemeinwohl, Liebe zum Weibe, Vaterland – wie erhaben erschienen mir diese Bilder, von wie tiefem Sinne erfüllt! Und das alles steht jetzt so schlicht und bleich und grob vor mir, in dem kalten, weißen Licht dieses Morgens, der, das fühle ich, für mich heraufsteigt.« Die drei schmerzlichsten Ereignisse seines Lebens beschäftigten ihn besonders:

Alessio Boni als Andrej
(TV-Fassung 2007)

seine Liebe zu jenem Mädchen, der Tod seines Vaters und der Einfall der Franzosen, die halb Russland überfluteten. »Die Liebe!... Dieses Mädchen, in dem ich eine solche Fülle geheimnisvoller Kräfte zu sehen glaubte! Jawohl; ich habe sie geliebt, ich habe poesievolle Pläne geschmiedet von Liebe und Glück an ihrer Seite! Oh, du braver Junge!« sprach er zornig, ganz laut. »Ja, ich habe an eine ideale Liebe geglaubt, die mir während eines ganzen Jahres der Abwesenheit die Treue bewahren sollte. Wie das zärtliche Täubchen der Fabel sollte sie, von mir getrennt, vor Sehnsucht vergehen! Aber das alles ist viel einfacher. Entsetzlich einfach ist das alles, und so abscheulich!

[...] Und ich werde morgen fallen, [...] und dann werden die Franzosen kommen, werden mich bei den Beinen und beim Kopf packen und in eine Grube schleifen, damit ich ihnen nicht die Nase vollstänkere; und ganz neue Lebensverhältnisse werden kommen, die anderen Leuten genau so gewöhnlich sein werden, und ich werde nichts mehr davon wissen und ich werde nicht mehr sein!«

Er sah nach der Reihe von Birken hin, deren regungslos hängendes, gelblichgrünes Laub und weiße Rinde in der Sonne glänzte. »Sterben! ...Man wird mich töten... morgen [...] Ich werde nicht mehr sein ...Alles wird bleiben, aber ich werde nicht mehr sein!«

Die eigentliche Schlacht wird aus der verfremdeten Sicht eines Unbeteiligten, des Grafen Pierre Besuchow, beschrieben. Da er kein Offizier ist, erscheint ihm alles, was sich vor seinen Augen abspielt, merkwürdig und sinnlos. Was für Napoleon und die Heerführer ein heroisches Ringen um Ruhm und Ehre ist, nimmt Pierre nur als »fortdauerndes Morden« auf. Es sterben 100 000 Menschen, zahllose Verletzte können nur notdürftig versorgt und abtransportiert werden.

Die Schlacht endet unentschieden, aber die russische Armee verfügt über keinerlei Reserven und muss sich bis hinter Moskau zurückziehen. Kutusow fällt es schwer, die alte Hauptstadt dem »Henker der Völker« Napoleon zu überlassen, aber er findet es wichtiger, die Reste der Armee für die weiteren Kämpfe zu schonen. Der ganz große Triumph bleibt Napoleon jedoch verwehrt – es gibt keine feierliche Übergabe der Stadt, keine Siegesparade, sondern lediglich eine chaotische Besetzung des verlassenen Zentrums, Plünderungen und Brandstiftung.

Die Bevölkerung war fast vollständig geflohen, meist in letzter Sekunde. Auch die Familie Rostow hatte sich mit zahlreichen Pferdefuhrwerken auf die Evakuierung vorbereitet und wollte alle beweglichen Besitztümer in Sicherheit bringen. Aber dann lässt der alte Graf doch wieder alles abladen, um – vor allem auf Wunsch seiner Tochter Natascha – stattdessen verwundete Soldaten aus der Stadt zu bringen. Unter den Schwerverletzten befindet sich ihr ehemaliger Verlobter, der Fürst Bolkonskij.

Das Wiedersehen mit dem schwer fiebernden Andrej ist einer der bewegendsten Momente in der Romanhandlung:

Leonid Pasternak (Vater des Schriftstellers Boris Pasternak): Illustration zu »Krieg und Frieden«

Clémence Poésy als Natascha und Alessio
Boni als Andrej (TV-Fassung 2007)

»Ja, die Liebe«, dachte er wieder vollkommen klar, »aber nicht die Liebe, die um einen Lohn, zu einem Zweck oder aus irgendeinem Grunde liebt, sondern jene Liebe, die ich zum ersten Male empfand, als ich, dem Tode nahe, meinen Feind erblickte und doch plötzlich Liebe zu ihm fühlte. Ich habe die Liebe in mir empfunden, die das wahre Wesen der Seele ist und für die es keines besonderen Gegenstandes bedarf. Auch jetzt empfinde ich dieses beseligende Gefühl … Die Nächsten lieben, die Feinde lieben! Alles lieben, Gott in allen seinen Erscheinungen lieben! […]

Wenn man mit menschlicher Liebe liebt, kann man von Liebe zu Hass übergehen; aber die göttliche Liebe kann sich nicht verändern. Nichts, auch nicht der Tod, nichts kann sie zerstören. Sie ist das wahre Wesen der Seele. Aber wie viele Menschen habe ich in meinem Leben gehasst! Und von allen Menschen habe ich niemand mehr geliebt und niemand mehr gehasst als sie.“

Und er stellte sich lebhaft Natascha vor, nicht so, wie er sie sich früher vorgestellt hatte, nur mit ihrem Reiz, der ihn so mit Freude erfüllt hatte; sondern zum ersten Mal stellte er sich ihre Seele vor. Und er verstand ihr Gefühl, ihre Leiden, ihre Scham, ihre Reue. Zum ersten Mal verstand er jetzt die ganze Grausamkeit seines Verzichts, die Grausamkeit seines Bruches mit ihr. »Wenn ich sie nur noch ein einziges Mal sehen könnte. Ein einziges Mal in diese Augen schauen und ihr sagen …« […] Es kam ein frischer Luftzug, und vor der Tür erschien etwas Sphinxartiges, neu, weiß, stehend. Mit einem bleichen

Gesicht im Kopf und den glänzenden Augen derselben Natascha, an die er eben noch gedacht hatte.

»Oh, wie schwer ist doch dieser unaufhörliche Fieberwahn!« dachte Fürst Andrej und bemühte sich, dieses Gesicht aus seiner Einbildung zu verjagen. Aber das Gesicht stand mit der Kraft der Wirklichkeit vor ihm, und das Gesicht näherte sich ihm. […] Fürst Andrej nahm alle Kräfte zusammen, um zu sich zu kommen; er rührte sich, und plötzlich klang es ihm in den Ohren, vor den Augen wurde ihm dunkel, und wie ein Mensch, der im Wasser versinkt, verlor er das Bewusstsein. Als er zu sich kam, lag Natascha, die lebendige Natascha, die er am meisten von allen Menschen auf der Welt mit jener neuen, reinen, göttlichen Liebe, die sich ihm jetzt erschlossen hatte, lieben wollte, diese Natascha lag vor ihm auf den Knien. Er verstand, dass es die lebendige, wirkliche Natascha war, und wunderte sich nicht, sondern freute sich nur still. Natascha kniete vor ihm, schaute ihn angstvoll, wie angeschmiedet an (sie konnte kein Glied rühren), und kämpfte mit dem Schluchzen. Ihr Gesicht war bleich und regungslos; nur unten in ihm zitterte etwas.

Fürst Andrej seufzte erleichtert, lächelte und streckte ihr die Hand hin.

»Sie hier?« sagte er. »Wie schön das ist!«

Natascha rückte rasch, behutsam auf den Knien näher zu ihm heran, fasste vorsichtig seine Hand, beugte sich mit dem Gesicht darüber und küsste sie, sie kaum mit den Lippen berührend.

»Verzeihen Sie mir!« flüsterte sie, hob den Kopf und sah ihn an. »Verzeihen Sie mir!«

»Ich liebe Sie", sagte Fürst Andrej.

»Verzeihen Sie mir! …«

»Was soll ich verzeihen?" fragte Fürst Andrej.

»Verzeihen Sie mir, was ich … getan habe«, flüsterte Natascha stoßweise, kaum hörbar, und bedeckte seine Hand, sie kaum mit den Lippen berührend, mit Küssen.

»Ich liebe dich mehr und besser als früher«, sagte Fürst Andrej und hob mit der Hand ihr Gesicht so, dass er ihr in die Augen blicken konnte.

Diese Augen, die voll glückseliger Tränen standen, schauten ihn scheu, mitleidig und freudig liebevoll an. Nataschas mageres, bleiches Gesicht mit den geschwollenen Lippen war mehr als unschön, es war schrecklich. Aber Fürst Andrej sah dieses Gesicht nicht; er sah die strahlenden Augen, die wunderschön waren. Da hörten sie hinter sich jemand sprechen. [...]

Wie eine Nachtwandlerin, die man mitten im Schlaf geweckt hat, verließ Natascha das Zimmer, kehrte in ihre Stube zurück und sank schluchzend auf ihr Lager.

Pierre Besuchow verbleibt als einziger der Helden des Romans im besetzten Moskau, da er sich vorgenommen hat, Napoleon umzubringen. In seiner unbeholfenen Art gelingt es ihm aber nicht, seinen Plan umzusetzen – trotzdem wird er als vermeintlicher Brandstifter von den Franzosen verhaftet. Zu einem Schlüsselerlebnis wird für ihn die Hinrichtung seiner Zellengenossen, an der er teilnehmen muss.

Als Napoleon mit seiner Armee den Rückzug antritt, nimmt man neben zahllosen Wagenladungen mit Beutegut auch die Häftlinge mit. Der 1 000 km lange Weg bis zur Grenze wird für die hungernden und frierenden Truppen zu einer Leidensstrecke. Zum frühen Einsetzen des Winters kommen ständige Angriffe durch verfolgende russische Armeeeinheiten und Partisanen. Pierre freundet sich mit einem Mitgefangenen an,

Alexander Beyer als Pierre in der TV-Fassung von 2007

der aus bäuerlichen Verhältnissen kommt, dem jungen Adeligen aber eine neue Welt erschließt.

Planton Karatajew war für alle anderen Gefangenen ein ganz gewöhnlicher Soldat; […] Aber für Pierre blieb er immer das, was er in ihm an jenem ersten Abend gesehen hatte: die unfassliche, runde, ewige Verkörperung des Geistes der Einfalt und Wahrheit.

Platon Karatajew wusste nichts auswendig außer seinem Gebet. Wenn er seine Reden hielt, wusste er anscheinend beim Beginn niemals, was er am Schlusse sagen würde.

Wenn Pierre, durch den Inhalt seiner Rede manchmal überrascht, ihn bat, das Gesagte zu wiederholen, konnte sich Platon nicht mehr an das erinnern, was er eine Minute vorher gesagt hatte, ebenso wie er es nie fertig brachte, Pierre aus seinem Lieblingslied einzelne Worte herzusagen. In diesem Lied kam vor: »Heimat« und »Birkenhain« und »mir ist so weh«; wenn er aber nur eine Stelle sagen sollte, kam nie ein Sinn heraus. Er verstand die Bedeutung einzelner aus dem Zusammenhange gerissener Worte nicht, und konnte sie nicht verstehen. Jedes Wort und jede Handlung von ihm war ein Ergebnis der dunklen Kraft – seines Lebens. Sein Leben aber hatte, so wie er es ansah, als Einzelleben keinen Sinn. Einen Sinn hatte es nur als Teil jenes Ganzen, das er beständig als solches empfand. Seine Worte und Handlungen gingen ebenso gleichmäßig, notwendig und unmittelbar von ihm aus, wie der Duft von einer Blume.

Pierre macht durch diese Erfahrungen eine Entwicklung durch, und aus dem verwöhnten Fürsten wird ein verantwortungsvoller religiöser Mensch, der kurz davor ist, im christlichen wie im persönlichen Sinne sein Lebensziel zu erreichen.

In der Gefangenschaft, in der Baracke, hatte Pierre nicht mit dem Verstande, sondern mit seinem ganzen Wesen, mit seinem Leben erkannt, dass der Mensch geschaffen ist, um glücklich zu sein, dass das Glück in ihm selbst liegt, in der Befriedigung der natürlichen menschlichen Bedürfnisse, und dass alles Unglück nicht vom Mangel, sondern vom Überfluss her kommt. […]

Er konnte kein Lebensziel haben, weil er jetzt den Glauben hatte, – nicht den Glauben an irgendwelche Regeln oder Worte oder Gedanken, sondern den Glauben an den lebendigen, stets zu fühlenden Gott. Vorher hatte er Ihn in Zielen gesucht, die er sich gesteckt hatte. Dieses Suchen nach einem Ziel war nur ein Suchen nach Gott gewesen. Und plötzlich hatte er in der Gefangenschaft, nicht durch Worte, nicht durch Vernunftschlüsse, sondern unmittelbar durch das Gefühl das erkannt, was ihm schon vor langer Zeit die Kinderfrau gesagt hatte: da ist Er, hier und überall. Er hatte in der Gefangenschaft erkannt, dass Gott in Karatajew größer, unendlicher und unfasslicher sei, als in dem Baumeister aller Welten, von dem die Freimaurer redeten. Er hatte ein Gefühl wie jemand, der etwas lange Gesuchtes dicht vor sich, neben seinen Füßen findet, nachdem er lange die Augen angestrengt hat, um in die Ferne zu sehen. Er hatte sein ganzes Leben lang irgendwohin geschaut, über die Köpfe der ihn umgebenden Menschen hinweg, aber er hätte nicht die Augen anstrengen, sondern nur einfach vor sich hin schauen müssen.

Pierres Wandel wird nicht von allen verstanden, auf manche wirkt seine Veränderung nur »verrückt«.

Pierres Verrücktheit bestand darin, dass er nicht wie früher auf persönliche Gründe wartete – die er gute Eigenschaften nannte –, um die Menschen zu lieben, sondern sein Herz war übervoll von Liebe und er liebte die Menschen ohne besondere Gründe, und fand immer ausreichenden Anlass, um dessentwillen es lohnte, sie zu lieben.

Nach Beendigung des Krieges regeln die Überlebenden ihr Leben neu. Nikolaj Rostow rettet die Familie vor dem finanziellen Ruin, indem er statt seiner Jugendliebe Sonja die Schwester des verstorbenen Fürsten Andrej Bolkonskij heiratet. Aus dem zerstörten Moskau zieht er mit seiner schnell wachsenden Familie aufs Land und widmet sich mit voller Energie der Tätigkeit des Gutsbesitzers.

Pierre Besuchow gründet mit Natascha eine Familie, nachdem sie den Verlust Andrej Bolkonskijs verarbeitet hat. Während Pierre gesellschaftlich und politisch aktiv bleibt, zieht sich seine Frau vollständig auf ihre Rolle als Ehefrau und Mutter zurück.

Seit ihrer Verheiratung lebte Natascha mit ihrem Mann teils in Moskau, teils in Petersburg, teils auf dem Landsitz bei Moskau, oder bei ihrer Mutter, das heißt bei Nikolaj. In der Gesellschaft sah man die junge Gräfin Besuchowa nur wenig, und wer sie sah, war nicht sehr von ihr befriedigt. […] Natascha liebte nicht gerade die Einsamkeit […]; aber weil sie von Schwangerschaften, Entbindungen und dem Nähren ihrer Kinder in Anspruch genommen war und an jeder Minute des Lebens ihres Mannes Anteil nahm, konnte sie diesen Anforderungen nur durch einen Verzicht auf gesellschaftliches Leben gerecht werden. Alle, die Natascha vor ihrer Verheiratung gekannt hatten, wunderten sich über die mit ihr vorgegangene Veränderung wie über etwas Ungewöhnliches. Nur die alte Gräfin verstand mit ihrem mütterlichen Instinkt, dass alle Triebe Nataschas nur in dem Verlangen wurzelten, eine Familie, einen Mann zu haben […], und wunderte sich über das Erstaunen der Leute, die Natascha nicht verstanden, und sagte immer wieder, sie habe stets gewusst, dass Natascha eine musterhafte Gattin und Mutter werden würde.

Nicht jedem Leser gefällt diese nun gar nicht emanzipierte Heldin, aber aus Tolstois damaliger Sicht der Dinge ist ihre Entwicklung konsequent – und Natascha bleibt auch nach der Lektüre im Gedächtnis als eine der interessantesten Frauengestalten der Weltliteratur.

Auf der Suche nach der idealen Familie – *Anna Karenina*

Iwan Kramskoi: Tolstoi (1873)

Die 70er Jahre des 19. Jahrhunderts sind in Russland eine Zeit der hefti-gen Diskussionen. Die Abschaffung der Leibeigenschaft hatte nicht zu der erhofften Befreiung der Bauern geführt, der Adel war auf der Suche nach einer neuen Aufgabe im Staat, die Ansätze einer Selbstverwaltung in der Provinz blieben unbefriedigend, die Rolle von Kirche und Religion wurde immer umstrittener, und besonders lebhaft stritt man über die Emanzi-pation der Frau und die Zukunft der Institution »Familie«.

Leo Tolstoi war von all diesen Fragen auch persönlich betroffen, und als Schriftsteller formulierte er seine Antworten in Form seines zweiten großen Romans »Anna Karenina«, der als Ergebnis eines langen Schaf-fensprozesses in den Jahren 1873 bis 1878 entstand. Mehrfach überarbeitete der Autor den Text, führte neue Personen ein, änderte das Bild der ur-sprünglichen Helden, verschob auch seine Bewertung der Geschehnisse.

Das Ergebnis ist ein grandioses Werk der Weltliteratur, das immer wieder in eine Reihe gestellt wird mit Gustave Flauberts »Madame Bovary« und Theodor Fontanes »Effi Briest«.

Im Gegensatz zu »Krieg und Frieden« spielt die Handlung dieses Romans nicht in der Vergangenheit, sondern in der Zeit seiner Entstehung, was an zahlreichen aktuellen Bezügen sichtbar ist. Und es geht nicht um die Geschichte des russischen Volkes, sondern um zwei Fragen, die Tolstoi als Schriftsteller wie als Mensch beschäftigten: Wie kann man leben, wenn man weiß, dass man doch sterben muss? Und welche Form des Zusammenlebens von Mann und Frau ist die beste? Der erste Satz des Romans weist gleich auf das Thema hin:

Alle glücklichen Familien gleichen einander, jede unglückliche Familie ist auf ihre eigene Weise unglücklich.

Dann setzt die Handlung wie mit einem Paukenschlag ein:

Bei Oblonskijs ging alles drunter und drüber. Die Frau vom Hause hatte erfahren, dass ihr Mann mit der französischen Gouvernante, die früher im Hause gewesen war, ein Liebesverhältnis unterhielt, und hatte ihrem Manne erklärt, sie könne nicht mehr unter einem Dache mit ihm wohnen. Die Dinge lagen schon seit drei Tagen so und die Situation wurde von den Gatten selbst, von allen Familienmitgliedern und Hausgenossen sehr peinlich empfunden. Alle Familienmitglieder und Hausgenossen fühlten, dass ihr Zusammenleben keinen Sinn habe und dass in jedem Wirtshaus an der Landstraße die zufällig dort zusammengekommenen Gäste einander näher ständen als sie, die Familienmitglieder und Hausgenossen der Oblonskijs. Die Frau verließ ihre Gemächer nicht, der Mann war seit drei Tagen nicht mehr nach Hause gekommen; die Kinder liefen im ganzen Hause wie verloren umher; die englische Gouvernante hatte sich mit der Wirtschafterin gezankt und an eine Freundin geschrieben, ob sie ihr nicht eine neue

Stelle verschaffen könnte; der Koch war bereits gestern fort gegangen, gerade als man beim Essen saß; die Küchenmagd und der Kutscher baten um ihre Entlassung.

Die Oblonskijs sind eine der Familien, die im Mittelpunkt des Romans stehen. Nur auf den ersten Blick ist das Personal des Romans schwer überschaubar:

Oblonskij	*Karenin*	*Lewin*
Stepan Oblonskij	*Alexej Karenin*	*Konstantin Lewin*
Darja (Dolly) Oblonskaja	*Anna Karenina*	*Jekatarina (Kitty) Lewina*
6 Kinder	*Sohn Sergej*	*Sohn Dmitrij*

Dabei sind Stepan Oblonskij und Anna Karenina Geschwister. Gleiches gilt für Dolly und Kitty. Als Verführer und Liebhaber Annas tritt dann Graf Alexej Wronskij auf; aus dieser Verbindung stammt eine Tochter, die ebenfalls Anna heißt.

Der Romananfang lässt den Leser glauben, es gehe vor allem um die Oblonskijs, aber Tolstoi benötigt diese Familie nur als Hintergrund, vor dem sich das Verhalten und das Schicksal der Karenins und Lewins deutlich abhebt. Stepan und Dolly erscheinen als »Normalfall« einer zeitgenössischen Adelsfamilie: Der Mann macht ohne große Anstrengung Karriere, ist hauptsächlich damit beschäftigt, sein Leben zu genießen und seine Frau zu betrügen. Die eigentlich noch recht junge Gattin büßt, nicht zuletzt aufgrund der vielen Schwangerschaften, frühzeitig ihre Schönheit ein, leidet unter den Affären ihres Mannes, tröstet sich aber mit ihrer Rolle als Mutter. Basis dieser Ehe ist die Kombination von Betrug und Wegschauen, die von der Gesellschaft akzeptiert wird, so lange es nicht zum öffentlichen Skandal kommt.

Auf diese eigentümliche Weise ist die Ehe der Oblonskijs stabil, und es ist auch die einzige Verbindung, die sich im Laufe des Romans nicht verändert. Die Handlung entwickelt sich stattdessen durch die Begegnung Annas mit Wronskij und Lewins mit Kitty. Zunächst wird geschildert, wie die junge Kitty auf ihren Verehrer wirkt, als sie sich auf der Eisbahn begegnen:

Er erkannte, dass sie hier war, an der Freude und an der Angst, die sich seines Herzens bemächtigte. Da stand sie am entgegen gesetzten Ende der Eisbahn und unterhielt sich mit einer Dame. Weder in ihrer Kleidung noch ihrer Pose war etwas Auffallendes; doch es fiel Lewin ebenso leicht, sie in der Menge herauszufinden, wie man eine Rose unter Nesseln erkennt. Alles wurde von ihr erleuchtet. Sie war das Lächeln, das alles ringsum erhellte. »Kann ich wirklich auf das Eis hinunter gehen? Kann ich mich ihr nähern?« dachte er. Die Stelle, auf der sie stand, schien ihm ein unerreichbares Heiligtum, und einen Augenblick dachte er schon daran, wieder fort zu gehen: so bange war ihm. Er musste sich Gewalt antun, sich klarmachen, dass allerlei Leute in ihrer Nähe hin und her gingen und dass er selbst ja auch dorthin gekommen sein konnte, um Schlittschuh zu laufen. So ging er hinunter, vermied es aber, lange nach ihr hinzusehen, wie man ja auch nicht in die Sonne sehen kann, aber er sah sie wie die Sonne, auch ohne den Blick auf sie zu richten. [...]

Wenn er an sie gedacht hatte, hatte er sich ihre ganze Erscheinung lebhaft vorstellen können, besonders den Reiz dieses kleinen blonden Köpfchens mit dem Ausdruck kindlicher Reinheit und Güte, das so frei auf den kräftigen Mädchenschultern saß. Der kindliche Ausdruck ihres Gesichts im Verein mit der schlanken Schönheit der Gestalt verlieh ihr einen ganz eigenen Reiz, den Lewin sehr wohl erkannte. Was aber immer wieder an ihr überraschte, war der Blick ihrer sanften, ruhigen und treuen Augen und besonders ihr Lächeln, durch das Lewin sich immer in eine Zauberwelt versetzt glaubte, wo ihn eine weiche Rührung überkam, wie er sie nur in ganz seltenen Tagen seiner frühesten Kindheit empfunden hatte.

Dem gegenüber treffen mit der verheirateten Anna und dem weltgewandten Wronskij zwei Personen aufeinander, die nicht mehr »kindlich« und nicht mehr »unschuldig« sind:

Mit dem Feingefühl des Weltmannes erkannte Wronskij bei dem ersten flüchtigen Blick auf die äußere Erscheinung dieser Dame, dass sie zur vornehmen Gesellschaft gehörte. Er bat um Entschuldigung und wollte in den Wagen steigen, fühlte aber plötzlich den Wunsch, noch einen Blick auf sie zu werfen – nicht weil sie sehr schön war, nicht um der Eleganz und bescheidenen Grazie willen, die in ihrer ganzen Gestalt zutage traten, sondern, weil in dem Ausdruck des lieblichen Gesichtes, als sie an ihm vorüberging, etwas ganz besonders Holdseliges und Zartes gelegen hatte. Als er sich umsah, wandte sie sich gerade auch um. Die leuchtenden grauen Augen, die durch die dichten Wimpern schwarz erschienen, ruhten freundlich-aufmerksam auf seinem Gesicht, als erkenne sie ihn, und wandten sich dann sofort der vorbeiströmenden Menge zu, als suche sie dort jemand. In diesem flüchtigen Blick hatte Wronskij doch die verhaltene Lebhaftigkeit erkannt, die auf ihrem Gesicht spielte und zwischen den leuchtenden Augen und dem kaum merklichen Lächeln auf den rosigen Lippen schwebte. Ein Übermaß von irgend etwas erfüllte ihr ganzes Wesen so, dass es unwillkürlich bald in ihrem leuchtenden Blick, bald im Lächeln zum Ausdruck gelangte. Sie hatte mit Absicht den Glanz in ihren Augen gelöscht, aber er strahlte gegen ihren Willen in dem kaum merklichen Lächeln.

Diese erste Begegnung findet nicht zufällig auf dem Bahnhof statt, denn die »Eisenbahn« ist für Tolstoi etwas Unnatürliches, Bedrohliches, Fremdes. Sie zieht sich wie ein Leitmotiv durch den Roman und verheißt nichts Gutes. Aber noch ist Wronskij offiziell der Verehrer Kittys, die – vor allem unter dem Einfluss ihrer Mutter – den schicken Offizier und reichen Baron dem etwas wunderlichen und unsicheren Gutsbesitzer

Lewin vorzieht. Das junge Mädchen setzt große Erwartungen auf den bevorstehenden, lange erwarteten Ball. Mit erstaunlichem Einfühlungsvermögen schildert Tolstoi das Auftreten und die Empfindungen Kittys:

Obgleich die Toilette, die Frisur und alle anderen Vorbereitungen zum Ball Kitty viel Mühe und Kopfzerbrechen gekostet hatten, trat sie doch jetzt in ihrem Tüllkleide mit dem rosa Unterkleide so frei und ungezwungen in den Ballsaal, als hätten all diese Rosetten, Spitzen und sonstigen Bestandteile ihrer Toilette sie und ihre Hausgenossen nicht einen Augenblick beschäftigt, als wäre sie in diesem Tüll- und Spitzengewand, mit dieser hohen Frisur, die von einer Rose mit zwei Blättchen gekrönt wurde, gleich zur Welt gekommen. […]
Kitty hatte heute einen ihrer guten Tage. Das Kleid drückte sie nirgends, die Spitzenborte hing nirgends zu tief herab, die Rosetten waren nicht zerdrückt und keine war abgerissen; die rosa Schuhe mit den hohen geschweiften Absätzen drückten die Füßchen nicht, sondern taten ihnen wohl. Die dichten, blonden Bandeaus saßen fest auf dem kleinen Köpfchen wie eigenes Haar. Die drei Knöpfe an dem langen Handschuh, der sich um die Hand schmiegte, ohne ihre Form zu verändern, hatten sich zuknöpfen lassen und waren nicht abgerissen. Das schwarze Samtband des Medaillons legte sich besonders zart um den Hals. Dieses Bändchen war entzückend, und als Kitty zu Hause ihren Hals im Spiegel betrachtet hatte, hatte sie ein Gefühl gehabt, als könnte das Band reden. Alles andere konnte man in Frage stellen, aber dieses Samtbändchen war entzückend. Kitty lächelte auch jetzt auf dem Ball, als sie es im Spiegel sah. In den entblößten Schultern und Armen fühlte Kitty etwas wie Marmorkälte, ein Gefühl, das sie besonders gern hatte. Ihre Augen leuchteten und die rosigen Lippen konnten im Bewusstsein ihrer Reize nicht anders als lächeln. Kaum hatte sie den Saal betreten und die ganz in Tüll, Bändern, Spitzen und Blumen versinkende Schar der Damen erreicht, die darauf warteten, engagiert zu werden […], als sie auch schon zum Walzer aufgefordert

wurde, und zwar von dem feinsten Kavalier, der in der Ballhierarchie den höchsten Posten einnahm, dem berühmten Festordner und Zeremonienmeister, einem verheirateten, stattlichen und schönen Manne – Jegoruschka Korsunskij.

Es kommt aber anders als erwartet. Wronskij schenkt seine ganze Aufmerksamkeit der aus Petersburg angereisten Anna und tanzt nur mit ihr. Für Kitty beginnt an diesem Abend eine Zeit des Leidens, wie auch für Lewin, dessen Heiratsantrag sie zurückgewiesen hatte.

Sehr scharf zeichnet Tolstoi im weiteren Verlauf die Unterschiede in der Einstellung zur Frau und zur Ehe bei den beiden männlichen Haupthelden. Für Lewin ist die Familie etwas Heiliges:

Lewin erinnerte sich seiner Mutter kaum. Die Vorstellung von ihr war ihm eine heilige Erinnerung und seine künftige Frau erschien ihm in seinen Träumen als Wiederholung des reizenden, heiligen Frauenideals, das seine Mutter verkörperte.

Die Liebe zum Weibe konnte er sich außerhalb der Ehe überhaupt nicht vorstellen, ja, er sah zuerst die Familie und dann erst die Frau, die ihm die Familie schaffen sollte. Seine Vorstellungen von der Ehe waren daher von denen der Mehrzahl seiner Bekannten völlig verschieden; für diese Leute war eine Heirat nur eine der vielen Angelegenheiten des täglichen Lebens, Lewin sah in der Heirat die wichtigste Handlung seines Lebens, von der sein ganzes Glück abhing. Und nun sollte er darauf verzichten.

Für Wronskij hingegen gehören Affären mit verheirateten Damen zum standesgemäßen Leben des Kavallerieoffiziers; die Ehe hat keinerlei Wert:

Er wusste sehr gut, dass er durchaus keine Gefahr lief, sich in den Augen Betsys und der ganzen vornehmen Welt lächerlich zu machen. Er wusste sehr gut, dass bei diesen Leuten der unglückliche Liebhaber eines jungen Mädchens und überhaupt einer frei dastehenden Frau wohl eine lächerliche Rolle spielen kann, dass aber die Rolle eines Mannes, der einer verheirateten Frau nachstellt und sein ganzes Leben daransetzt, sie zum Ehebruch zu verleiten, etwas Schönes, Erhabenes an sich hat und nie lächerlich wirken kann.

Und so macht Wronskij Anna den Hof, sucht ständig den Kontakt zu ihr, signalisiert ihr seine Zuneigung. Anna ihrerseits fürchtet sich davor, ein Verhältnis mit dem interessanten und anziehenden Offizier zu beginnen; sie fürchtet die Reaktion der Gesellschaft und die möglichen Auswirkungen auf ihre Ehe. Zwar ist ihr bewusst, dass sie ihren viel älteren Mann nicht liebt, aber Anna hat Angst, ihren Sohn zu verlieren.

Trotzdem kommt Wronskij schrittweise seinem Ziel näher. Seine Vitalität, sein Charme, seine Risikobereitschaft stehen in deutlichem Gegensatz zum Alter, zur Pedanterie, zur Zurückhaltung Alexej Karenins, eines dienstbeflissenen, fleißigen, in seiner Arbeit aufgehenden Beamten. Anna ist unglücklich in ihrer Ehe, gelangweilt, sie will mehr vom Leben, mehr Liebe, mehr Erlebnisse, mehr Eindrücke.

Als es dann zum eigentlichen Ehebruch, zum ersten sexuellen Kontakt kommt, quälen Anna Gewissensbisse und sie ahnt, dass dieser Schritt schwerwiegende Konsequenzen haben wird. Von Freude über die liebevolle Vereinigung ist jetzt nichts zu bemerken:

Greta Garbo 1935
(Plakat zum Film »Anna Karenina«)

Was fast ein ganzes Jahr lang für Wronskij den einzigen Wunsch seines Lebens ausgemacht, was alle übrigen Wünsche in ihm verdrängt hatte; was für Anna ein unmöglicher, schrecklicher und darum erst recht bezaubernder Traum von Glück gewesen war: dieser Wunsch war befriedigt. Bleich, mit bebendem Unterkiefer, stand er über sie gebeugt und flehte sie an, sich zu beruhigen, ohne selbst zu wissen, warum und wie.

»Anna, Anna!« sagte er mit zitternder Stimme, »Anna, um Gottes willen!«

Doch je lauter er sprach, desto tiefer senkte sie ihr einst so stolzes, heiteres, jetzt so schamdurchglühtes Haupt; sie knickte ganz zusammen und sank vom Sofa, auf dem sie gesessen hatte, auf den Boden zu seinen Füßen nieder; sie wäre auf den Teppich gestürzt, wenn er sie nicht gehalten hätte.

»O mein Gott! Vergib mir!« sagte sie schluchzend, seine Hände gegen ihre Brust pressend.

Sie fühlte sich so verworfen und schuldig, dass ihr nichts übrig blieb, als sich zu demütigen und um Vergebung zu bitten; in der Welt hatte sie aber außer ihm niemand mehr, so dass sie auch ihre Bitte um Vergebung an ihn richtete. Wenn sie ihn anblickte, fühlte sie ihre Erniedrigung geradezu körperlich und konnte nichts mehr sagen. Er aber fühlte, was ein Mörder fühlen muss, wenn er den Leichnam des von ihm Getöteten sieht. Dieser Leichnam, dem er das Leben geraubt hatte, war ihre Liebe, die erste Periode ihrer Liebe. Es war etwas Entsetzliches und Abstoßendes in der Erinnerung an das, was mit diesem entsetzlichen Preis der Schande bezahlt worden war. Die Scham vor ihrer seelischen Entblößung drückte sie nieder und teilte sich auch ihm mit. Doch trotz seines Entsetzens vor dem Leichnam des Ermordeten muss der Mörder diesen Leichnam in Stücke zerschneiden, ihn verstecken, muss sich zunutze machen, was er durch seinen Mord gewonnen hat.

Wie völlig anders gestaltet sich der Moment, an dem sich Lewin und Kitty gegenseitig ihre Liebe gestehen. Dabei greift Tolstoi auf seine eigene Biographie zurück; in ähnlicher Form hatte sich seinerzeit die Verlobung mit seiner späteren Ehefrau abgespielt. Von besonderer Wichtigkeit ist das Ver-

stehen ohne Worte, die tiefe Übereinstimmung im Denken und Wollen:
„»Wie soll ich denn allein hier bleiben, ohne sie?« dachte er mit Entsetzen und nahm ein Stück Kreide in die Hand. »Warten Sie«, sagte er, sich an den Tisch setzend. »Ich wollte Sie schon längst etwas fragen.«

Er schaute ihr gerade in die freundlichen, wenn auch etwas erschrockenen Augen. »Bitte, fragen Sie.«

»Hier!« sagte er und schrieb eine Reihe von Anfangsbuchstaben auf den Tisch: A, S, m, a, d, k, n, s, s, d, h, n, o, n, d? Die Buchstaben sollten bedeuten: »Als Sie mir antworteten: ›Das kann nicht sein‹ – sollte das heißen: nie, oder nur damals?« Es war ganz unwahrscheinlich, dass sie diesen schwierigen Satz verstehen würde, er sah sie aber mit einer solchen Miene an, als hinge sein Leben davon ab, ob sie diese Worte verstehen könnte.

Sie sah ihn ernst an, stützte dann die gerunzelte Stirn auf die Hand und las. Hin und wieder blickte sie zu ihm auf, als wollte sie fragen: »Ist es so, wie ich es mir denke?« »Ich habe es verstanden«, sagte sie errötend. »Was ist das für ein Wort?« sagte er, auf das N zeigend, das »nie« bedeuten sollte.

»Das Wort hier lautet »nie««, sagte sie, »aber das ist nicht wahr.«

Er wischte schnell weg, was er geschrieben hatte, reichte ihr die Kreide und stand auf. Sie schrieb: »D, k, i, n, a, a.« […] Plötzlich strahlte sein ganzes Gesicht: er hatte verstanden. Es sollte heißen: »Damals konnte ich nicht anders antworten.«

Er sah sie schüchtern, fragend an.

»Nur damals?«

»Ja«, erwiderte sie lächelnd.

»Und heu … und heute?« fragte er.

»Lesen Sie. Ich will aufschreiben, was ich wünsche. Sehr wünsche!« Wieder schrieb sie die Anfangsbuchstaben: »D, S, v, u, v, k, w, g, i.« Das sollte bedeuten: »Dass Sie vergessen und vergeben könnten, was gewesen ist!«

Er ergriff die Kreide mit krampfhaft zitternden Fingern und brach sie entzwei, als er die Anfangsbuchstaben des folgenden Satzes schrieb: »Ich habe nichts zu vergeben und zu vergessen, ich habe nie aufgehört, Sie zu lieben.«

Sie sah ihn mit regungslosem Lächeln an.

»Ich habe es verstanden«, flüsterte sie. [...]

Und er schrieb drei Buchstaben auf den Tisch. Er war aber noch nicht fertig, da hatte sie, seiner Hand mit den Blicken folgend, schon gelesen, was er schrieb, den Satz selbst richtig ergänzt und nun schrieb sie die Antwort hin: »Ja!«

Währenddessen trennen sich die Karenins. Anna muss ihren Sohn zurücklassen, als sie sich für ein Leben mit Wronskij entscheidet. Sie leidet unter der Trennung, bekommt aber schon bald eine Tochter in ihrer neuen Verbindung und findet zumindest zeitweise das erhoffte Glück. Mit Wronskij reist sie ins Ausland, lebt einige Monate auf dem Landgut, das er nach seinem Abschied aus der Armee bewirtschaftet. Auf Dauer erträgt sie aber die gesellschaftliche Isolation nicht, und sie kehrt in die Hauptstadt Petersburg zurück.

Lewin und Kitty ziehen sich im Gegensatz dazu nach ihrer Hochzeit aus der Stadt auf ihr Landgut zurück. Durch die Geburt seines ersten Kindes hat Lewin zwar die Familie, von der er immer geträumt hat, er sucht aber immer noch nach dem Sinn des Lebens. Mit Freunden und Verwandten diskutiert er die neuen Ideen und Ideologien, die in den 60er und 70er Jahren des 19. Jahrhunderts in Russland kursierten: den Materialismus und Kommunismus, die Emanzipation der Frau, die Slawophilie und den Panslawismus (die Auffassung von der beson-

Anna mit ihrem Sohn (Illustration von Michail Wrubel, 1871)

deren Rolle der slawischen Völker in der Geschichte), neue Formen der Religion. Die ihm angebotenen Antworten befriedigen ihn aber nicht, und seine Verzweiflung ist so groß, dass er an Selbstmord denkt.

Von dem Augenblick an, wo Lewin beim Anblick seines geliebten, sterbenden Bruders zum ersten Mal die Fragen des Lebens und Todes im Lichte jener, wie er glaubte, neuen Überzeugungen sah, die unmerklich für ihn selbst in der Zeit zwischen seinem zwanzigsten und seinem vierunddreißigsten Lebensjahr den Glauben seiner Kindheit und Jugend verdrängt hatten – empfand er ein tiefes Grauen nicht sowohl vor dem Tode, als vor einem Leben ohne die geringste Kenntnis dessen, woher, wozu, weshalb es da sei, und was es sei. Der Organismus, seine Auflösung, Unzerstörbarkeit der Materie, Erhaltung der Energie, Entwicklung waren die Worte, die ihm den alten Glauben ersetzten. Diese Worte und die damit verbundenen Begriffe waren für rein intellektuelle Auseinandersetzungen sehr gut zu brauchen; für das Leben aber gaben sie nichts, und Lewin fühlte sich plötzlich in der Lage eines Menschen, der einen Pelz gegen ein Musselinkleid vertauscht hat und an einem kalten Wintertage zum ersten mal nicht durch logische Erörterungen, sondern am eigenen Leibe die unanfechtbare Wahrheit erfährt, dass er so gut wie nackt ist und unbedingt elend zugrunde gehen muss.

Seit jenem Augenblick fühlte Lewin unausgesetzt dieses Grauen ob der eigenen Unwissenheit, wenn er sich auch nicht immer Rechenschaft davon gab und sein früheres Leben fortsetzte. [...]

In der ersten Zeit hatten die Ehe, die neuen Freuden und Pflichten, die er kennen gelernt hatte, diese Gedanken in ihm völlig erstickt. Aber in der letzten Zeit, nach der Entbindung Kittys, als er untätig in Moskau lebte, war diese Frage immer häufiger und immer dringlicher vor ihm aufgetaucht und wollte gelöst sein.

Die Frage war für ihn folgende: »Wenn ich die Antworten nicht gelten lasse, die das Christentum auf die Fragen meines Lebens gibt, welche Antworten halte ich dann für die richtigen?« Und er konnte in dem ganzen Arsenal seiner Überzeugungen nicht nur keine einzige brauchbare Antwort finden, sondern fand überhaupt nichts, was wie eine Antwort ausgesehen hätte.

Den Selbstmord begeht aber nicht Lewin, sondern Anna. Der Leser wird auf ihren Tod vorbereitet, denn Hinweise auf ein solches Ende durchziehen den gesamten Roman. Und dass sie die Eisenbahn als Mittel wählt, ist aus Tolstois Sicht konsequent.

Anna muss aus mehreren Gründen scheitern. Der Ausschluss aus der Petersburger Gesellschaft, der durch einen Skandal im Theater seinen offenen Ausdruck findet, ist für sie ebenso wenig erträglich wie die Trennung von ihrem Sohn. Ausschlaggebend ist aber wohl, dass sie den Sinn ihres Lebens ausschließlich in der Beziehung zu Wronskij sieht, und in der Tat ist sie völlig von ihm abhängig. Als die Leidenschaft nachlässt und Wronskij wieder eigenen Interessen nachgeht, gerät Anna in einen Sog der Verzweiflung, den Tolstoi so anschaulich beschreibt, dass der Leser vom Geschehen mitgerissen wird.

Wronskij, der sich schuldig fühlt und keine Zukunft für sich sehen kann, zieht als Freiwilliger in den Krieg gegen die Türken und nimmt so den eigenen Tod in Kauf.

Die Beantwortung der Frage, wer in der Tat an der Katastrophe schuld ist, überlässt der Autor aber dem Leser. Das verfremdete Bibelzitat, das Tolstoi als Motto dem Roman voranstellt (»Die Rache ist mein, ich will vergelten.«), kann auf verschiedene Weise gedeutet werden. Eine Variante wäre die Auffassung, dass Gott nach dem Tod des Menschen als Richter auftritt und für Gerechtigkeit sorgt. Die andere Interpretation könnte sich auf die »Bergpredigt« im Neuen Testament stützen, wo Jesus als ein zentrales Gebot das »Verbot des Richtens« verkündet: »Richtet nicht, damit ihr nicht gerichtet werdet. [...] Was siehst du aber den Splitter in deines Bruders Auge und nimmst nicht wahr den Balken in deinem Auge?« – Vielleicht tendierte Tolstoi am Ende seiner Arbeit eher zu dieser

Deutung, denn man spürt im Text die Sympathie, die er trotz allem für Anna Karenina empfindet.

Der Roman endet insgesamt aber hoffnungsvoll. Lewin findet eine Einstellung zum Leben, die an der Vergangenheit, an der Tradition, an der Jahrhunderte langen Erfahrung der Bauern ausgerichtet ist. Nicht die aufgeregt diskutierten gesellschaftlichen Utopien der Intellektuellen, sondern die Besinnung auf das Bewährte und Überlieferte geben ihm den nötigen Halt und die nötige Orientierung:

Es war unbedingt notwendig, dass die Familie ebenso lebte, wie Väter und Großväter gelebt hatten, das heißt auf demselben Bildungsniveau, dem auch die Erziehung der Kinder angepasst werden musste. Das war ebenso notwendig wie zu Mittag zu essen, wenn man Hunger hatte; und dazu war es erforderlich – ebenso wie das Mittagessen bereitet werden musste – die wirtschaftliche Maschinerie in seinem Dorf so laufen zu lassen, dass sie etwas einbrachte. Ebenso wie man verpflichtet war, seine Schulden zu bezahlen, war man verpflichtet, das ererbte Land in einem solchen Zustand zu erhalten, dass der Sohn, wenn es einst in seinen Besitz übergehen würde, dem Vater ebenso danken würde, wie Lewin dem Großvater Dank gesagt hatte für alles, was er gebaut und gepflanzt hatte. Und dazu war es notwendig, das Land nicht zu verpachten, sondern selbst zu wirtschaften, Vieh zu halten, die Äcker zu düngen, Wald anzupflanzen.

Die Angelegenheiten Sergej Iwanowitschs, seiner Schwester, der Bauern, die gewohnt waren, sich Rat von ihm zu holen, konnten ebenso wenig vernachlässigt werden, wie es unmöglich war, ein Kind fallen zu lassen, das man einmal auf den Arm genommen hatte. [...]

»Habe ich wirklich die Lösung für alles gefunden? Sind meine Leiden jetzt wirklich zu Ende?« dachte Lewin [...]. Er hatte nur ein Gefühl der Linderung eines langwierigen Leidens. Dieses Gefühl erfüllte ihn mit solcher Freude, dass er gar nicht daran glauben konnte. Der Atem verging ihm vor Erregung, und außerstande, weiterzugehen, bog er von der Straße in den Wald hinein und setzte sich im Schatten der Espen auf das ungemähte Gras. Er nahm den Hut vom beschwitzten Kopf und legte sich mit aufgestützten Ellbogen auf das saftige, breithalmige Waldgras. [...]

»Was habe ich entdeckt?« fragte er sich [...]. »Ich habe nichts entdeckt. Ich habe nur erfahren, was ich schon wusste. Ich habe die Kraft erkannt, die nicht nur in der Vergangenheit mir Leben gegeben hat, sondern es mir auch jetzt noch gibt. Ich habe mich vom Betrug freigemacht und habe den Herrn erkannt.

Früher meinte ich, in meinem Körper, im Körper dieses Grashalms und dieses Insekts [...] vollziehe sich nach physischen, chemischen und physiologischen Gesetzen ein Wechsel des Stoffes. [...] Von wo geht diese Entwicklung aus und was ist ihr Ziel? Ewige Entwicklung und Kampf... Gerade, als ob es im Unendlichen irgendeine Richtung und einen Kampf geben könnte! Und ich wunderte mich, dass trotz der größten Anstrengungen meines Denkens in dieser Richtung der Sinn des Lebens mir nicht aufgehen wollte, der Sinn meiner Triebe und Bestrebungen. Jetzt aber sage ich, dass ich den Sinn meines Lebens erkannt habe: für Gott, für die Seele leben. Und dieser Sinn ist, trotz seiner Klarheit, geheimnisvoll und wunderbar. Und das ist auch der Sinn von allem Vorhandenen.«

Auch wenn es heute einfacher ist, gescheiterte Ehen durch Scheidung aufzulösen, kann man sich gut in die Personen dieses Romans hineinversetzen. Die Problematik »den Richtigen« oder »die Richtige« zu finden, ist zeitlos, ebenso wie Zweifel an den eigenen Gefühlen und das Dilemma, sich manchmal zwischen zwei Personen oder zwei Familien entscheiden zu müssen. Das Leiden der Kinder in solchen Beziehungen berührt den Leser damals wie heute in besonderem Maße.

Die Krise und die *Beichte* des radikalen Denkers

Nach Abschluss des Manuskriptes von »Anna Karenina« widmet sich der Autor fast vollständig philosophischen und religiösen Themen, und die Schriftstellerei tritt in den Hintergrund.

»Wozu lebe ich? Wozu begehre ich? Wozu handle ich?« Noch anders kann man die Frage so ausdrücken: »Ist in meinem Leben ein Sinn, der nicht zunichte würde durch den unvermeidlichen Tod?«

Zunehmend beschäftigt Leo Tolstoi diese Frage, überlagert alle anderen Probleme, füllt seine ganze Zeit aus. Mit 50 Jahren bricht der Künstler mit seiner Vergangenheit und macht sich an einen fundamentalen Neubeginn.

In seinem Büchlein »Meine Beichte« schildert der alternde Autor dem Leser zunächst seine Kindheit und Jugend, während der er im orthodoxen christlichen Glauben erzogen wurde. Seine Religiosität sei aber oberflächlich gewesen, und sie hinderte den jungen Erwachsenen nach dem Verlassen der Universität nicht daran, alle denkbaren moralischen Verfehlungen zu begehen:

Ich kann nicht ohne Entsetzen, ohne Abscheu, ohne tiefen Schmerz im Herzen an diese Jahre zurückdenken. Ich habe im Krieg Menschen getötet, ich habe zum Zweikampf gefordert, um zu töten; ich habe Geld im Kartenspiel vergeudet, habe die Arbeit der Bauern verschlemmt, ich habe sie gezüchtigt, habe ein ausschweifendes Leben geführt, habe betrogen. Lüge, Diebstahl, Wollust jeder Art, Völlerei, Vergewaltigung, Totschlag ... kein Verbrechen, das ich nicht begangen hätte. Und für all dies lobten mich meine Genossen, hielten sie mich und halten sie mich für einen verhältnismäßig sittlichen Menschen.

Doch dann reißen ihn zwei Erlebnisse aus diesem gedankenlosen und gewissenlosen Leben. Das eine ist seine Anwesenheit bei einer Hinrichtung mit der Guillotine in Paris, das andere das qualvolle Sterben seines Bruders. Von nun an wird Tolstoi den Gedanken an den Tod nicht mehr los, immer wieder stellt er sich die gleichen Fragen:

Meine Taten, sie mögen sein wie sie wollen, werden früher oder später vergessen sein und auch ich werde nicht sein. Wozu also all die Mühsal? Wie der Mensch dies nicht sehen kann und leben – das ist das Erstaunliche!

Die Antwort auf diese Fragen sucht er in den Wissenschaften, doch weder die natur- noch die geisteswissenschaftlichen Disziplinen eröffnen ihm eine Perspektive. Er lernt bei seinen Studien lediglich, dass man die Existenz Gottes nicht beweisen kann und dass man auch das Ziel des menschlichen Lebens nicht aus der Wissenschaft ableiten kann. Er kann aber nicht leben, ohne einen Sinn in seinem Leben zu sehen, und so überkommen ihn ständig Todessehnsüchte und Selbstmordgedanken.

Erst später kommt er auf die Idee, nicht die Gelehrten nach dem Sinn des Lebens zu fragen, sondern das »arbeitende Volk«, das seit Generationen lebt und schafft, ohne das Leben in Frage zu stellen.

Die Erkenntnis durch die Vernunft, wie sie die Unterrichteten und Weisen vertreten, leugnet den Sinn des Lebens. Die ungeheuren Massen der Menschen aber, die gesamte Menschheit erkennt diesen Sinn an in einer nicht auf Vernunft gegründeten Erkenntnis. Und diese nicht auf Vernunft gegründete Erkenntnis ist der Glaube, eben der

Glaube, den ich durchaus ablehnen musste. Es ist der Glaube an den einigen und dreieinigen Gott, an die Erschaffung der Welt in sechs Tagen, an Teufel und Engel und all das, was ich nicht anerkennen kann, solange ich nicht meinen Verstand verloren habe.

Beim Studium des Christentums, später auch des Buddhismus und des Islam, findet er zwar anziehende Ideen, aber keine Personen, die diese Lehren überzeugend vertreten. Denn auch diese Menschen leben nicht entsprechend den heiligen Büchern, ihr Leben und Handeln unterscheidet sich nicht von dem Tolstois. In dieser Situation wendet sich der Autor den ungebildeten »Gottsuchern« zu, die er im Volk findet, die auch als Pilger an seine Tür in Jasnaja Poljana klopfen:

Und ich begann, mich den Gläubigen unter den armen, einfachen, ungelehrten Leuten zu nähern, den Pilgern, Mönchen, Sektierern, Bauern. Die Glaubenslehre dieser Leute aus dem Volk war dieselbe christliche wie die Glaubenslehre der vermeintlich Gläubigen aus unserem Kreis. [...]

Und ich gewann diese Menschen lieb. Je tiefer ich in ihr Leben eindrang, in das der Lebenden und der Verstorbenen, von denen ich gelesen und gehört hatte, desto mehr gewann ich sie lieb, und desto leichter wurde es mir selber, zu leben. [...]

Lebe, indem du Gott suchst, dann gibt es kein Leben ohne Gott. Und stärker denn je wurde alles licht in mir und um mich her, und dieses Licht verließ mich nicht mehr.

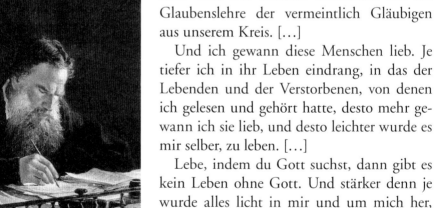

Nikolai Ge: Tolstoi (1884)

Die Konsequenzen, die der Graf Tolstoi aus dieser Erkenntnis zieht, sind radikal. Er verab-

schiedet sich von seinem früheren Leben in Wohlstand und Luxus, wendet sich dem einfachen Leben zu, widmet sich der körperlichen Arbeit, versucht, wie ein Bauer zu leben.

Ich sagte mich los vom Leben unserer Kreise, da ich erkannt hatte, dass dies nicht das Leben, sondern nur ein Scheinbild des Lebens ist, dass die Bedingungen des Überflusses, in dem wir leben, uns der Möglichkeit beraubten, und dass ich, um das Leben zu begreifen, nicht das Leben der Ausnahmen, unser, der Parasiten, Leben begreifen müsse, sondern das Leben des einfachen arbeitenden Volkes – des Volkes, das das Leben schafft, und den Sinn, den es ihm gibt. Das einfache arbeitende Volk, das um mich her lebte, war das russische Volk, und ich wandte mich an dieses und an den Sinn, den es dem Leben gibt. Dieser Sinn war, wenn er sich in Worten ausdrücken lässt, folgender: Jeder Mensch ist auf diese Welt gekommen durch den Willen Gottes. Und Gott hat den Menschen so geschaffen, dass jeder Mensch seine Seele verderben oder retten kann. Die Aufgabe des Menschen im Leben ist: seine Seele zu retten. Um seine Seele zu retten, muss man gottähnlich leben, und um gottähnlich zu leben, muss man sich lossagen von allen Freuden des Lebens, sich mühen, demütigen, dulden und barmherzig sein. Diesen Sinn schöpft das Volk aus der ganzen Glaubenslehre, die ihm von den Seelenhirten und der Tradition, die im Volk lebt, überliefert ist und überliefert wird.

Da Tolstoi immer mehr an der orthodoxen Kirche zweifelt, studiert er selbst die Bibel und die russischen Heiligenlegenden und schafft sich im Laufe der Zeit seine eigene Version des Christentums. Dabei stützt er sich auf die Lehren der »Bergpredigt«, auf die Forderung nach absolutem Gewaltverzicht. Den Kern seiner Überzeugung formuliert er in fünf Geboten: 1. du sollst nicht zürnen, 2. du sollst nicht ehebrechen, 3. du sollst nicht schwören, 4. du sollst dich dem Bösen nicht mit Gewalt widersetzen, 5. du sollst niemandes Feind sein.

In der Konsequenz fordert Tolstoi zur Verweigerung des Wehrdienstes, zur Ablehnung des Staates und seiner Institutionen, zur Abkehr von Technik und Fabrikproduktion, zum Verzicht auf Privateigentum sowie zu strikt vegetarischer Ernährung auf. – Manches wirkt aus heutiger Sicht sehr modern!

Der Staat beobachtet das Wirken des populären Schriftstellers mit Misstrauen, viele Studenten sind aber fasziniert von den Ideen Tolstois. Für sie ist er ein Prophet, der seine Vorstellungen radikal zu Ende denkt und ins Leben umsetzt. Damit steht er der anderen radikalen Richtung diametral entgegen, die ebenfalls Teile der Intelligenz vereint: den politischen Revolutionären, die mit Gewalt den Staat und die Gesellschaft ändern wollen. Ende der 8oer Jahre verschärfen sich die Konflikte; und die Revolutionäre beginnen mit einer Reihe von Attentaten. 1881 wird schließlich Zar Alexander II., der »Bauernbefreier«, Opfer eines Mordanschlages.

Tolstoi aber befindet sich in einer Zwickmühle. Er predigt das einfache Leben ohne Privatbesitz, seine wachsende Familie – das letzte (13.) Kind wurde erst 1888 geboren – fordert jedoch regelmäßige Einkünfte, ein standesgemäßes Leben, Schul- und Hochschulausbildung für die Kinder. So ist Tolstoi ständig gezwungen, Kompromisse einzugehen, und bis zu seiner Flucht und seinem Tod leidet er unter diesem Dilemma.

Im Jahr 1882 kauft er ein Haus mit großem Grundstück in Moskau, um dem Wunsch seiner Frau nachzukommen und den Söhnen bessere Bildungschancen zu geben. Erneut tut sich eine tiefe Kluft auf. Im Sommer lebt die Familie auf Jasnaja Poljana, bewirtschaftet das Gut, genießt

Tolstois Haus in Moskau – Straßenansicht

die ländliche Idylle und die reiche Natur. Den Winter verbringt man dann in einem Stadtteil Moskaus, der von Fabriken geprägt ist. Tolstois Grundstück grenzt (bis heute) an eine große Brauerei, und die Werkssirenen, die den Schichtwechsel anzeigen, gehören bald zum Alltag der Familie.

In der Stadt lernt Tolstoi die Schattenseiten der schnellen Industrialisierung kennen: massenhafte Armut, unerträgliche Lebens- und Arbeitsbedingungen, Verwahrlosung der Kinder, Prostitution. All das verstärkt seine Ablehnung der städtischen Kultur sowie des technischen Fortschrittes und führt bei ihm zu einer schwärmerischen Orientierung an einer verklärten bäuerlichen Vergangenheit.

Wie konnte er nun die neue Weltanschauung einem möglichst großen Publikum vermitteln? Umfangreiche Romane mit dutzenden von handelnden Personen und langen philosophischen Einschüben des Erzählers hätten sicherlich nicht die Leserschaft gefunden, die Tolstoi ansprechen wollte. So konzentrierte er sich in den folgenden Jahren auf kürzere Erzähltexte mit einfacher Sprache und einfacher Moral. Viel Energie steckte der Autor aber auch in die Zusammenstellung einer Fibel, eines Lesebuches für Schulkinder.

Ein typisches Beispiel für eine »Volkserzählung« ist der Text »Wie viel Erde braucht der Mensch?«.

Die ältere Schwester aus der Stadt war zu der jüngeren ins Dorf zu Besuch gekommen. Die ältere war mit einem Kaufmann in der Stadt verheiratet, die jüngere hatte einen Bauern im Dorfe zum Manne. Die Schwestern tranken Tee und plauderten. Die ältere fing an, großzutun und ihr Leben in der Stadt zu rühmen: wie groß und sauber ihre Wohnung in der Stadt sei, wie gut sie sich kleidete, wie sie ihre Kinder ausputzte, wie lecker sie äße und tränke, wie sie Ausfahrten mache und sich vergnüge und in die Theater gehe.

Das ärgerte die jüngere Schwester; sie setzte das Leben der Kaufleute herab und pries ihr bäuerliches Leben.

»Ich möchte mein Leben nicht für das deine eintauschen«, sagte sie. »Wenn wir auch sehr bescheiden leben, so kennen wir doch auch keine Sorge. Ihr lebt ja vornehmer; dafür verdient ihr einmal sehr viel, ein andermal verliert ihr aber alles. […] Unser Bauernleben ist sicherer, unser Leben ist mager, währet aber lange. Wir werden nicht reich, sind aber satt.«

Die ältere Schwester sagte: »Ein schönes Sattsein! Mit Schweinen und Kälbern! Keine Behaglichkeit, keine Umgangsformen! Wie sich dein Mann auch abplackt, ihr lebt nun einmal auf dem Mist und werdet auch darauf sterben. Und euren Kindern wird es nicht anders ergehen.«

»Nun, wenn schon«, sprach die Jüngere. »So ist eben unser Leben. Dafür leben wir aber sicher, bücken uns vor niemand, fürchten niemand. Ihr in der Stadt habt immer Anfechtungen zu bestehen: heute ist alles gut, aber morgen verführt der Böse deinen Mann zum Spielen oder zum Saufen, oder er bringt ihn mit einem schlechten Weibsbild zusammen. Und dann ist alles wieder dahin. Ist es etwa nicht so?«

Pachom, der Bauer, lag auf dem Ofen und hörte, was die Weiber schwatzten. »Das ist die lautere Wahrheit«, sagte er. »Weil unsereins von klein auf unser Mütterchen Erde durchwühlt, kommen uns solche dummen Gedanken gar nicht erst in den Kopf. Nur eines ist ein Jammer: wir haben zu wenig Erde! Wenn wir genügend Land hätten, würde ich mich vor niemand fürchten, – auch nicht vor dem Teufel selbst!«

Pachom macht sich daran, zusätzliches Land zu pachten und zu kaufen, wirtschaftet sehr erfolgreich und kommt zu einigem Wohlstand. Trotzdem will er immer noch mehr, und als er davon hört, dass die Baschkiren (ein Volk im Osten des europäischen Teils Rußlands) bestes Ackerland fast verschenken, da sie als Nomaden keinen Wert darin sehen, macht er sich auf den Weg nach Baschkirien. In der Tat versprechen ihm die Baschkiren, für 1 000 Rubel so viel Land zu verkaufen, wie er an einem

Tag umschreiten kann. Er muss lediglich die einzige Bedingung erfüllen,
dass er bis zum Sonnenuntergang an die Stelle zurückkehrt, von der er
losgegangen ist.
   Pachom läuft gleich am frühen Morgen los und versucht, ein möglichst
großes Stück Land abzulaufen. Seine Gier hindert ihn aber daran, recht-
zeitig den Bogen zu schlagen und sich auf den Rückweg zu machen. Dann
wird die Zeit knapp.

Pachom schaute wieder nach der Sonne aus. Sie war schon bis zur
Erde gesunken, ein Endchen war schon fort, wie ein Bogen lag sie auf
dem Rande der Erde. Pachom raffte seine letzten Kräfte zusammen,
warf sich mit dem ganzen Leib vorwärts, kaum konnten die Beine
noch mit, fast fiel er. Jetzt hatte Pachom den Hügel erreicht, da wurde
es plötzlich dunkel. Er sah sich um: die Sonne war untergegangen!
Da schrie Pachom auf. »Vergebens«, dachte er, »war all meine Mühe!«
Schon wollte er haltmachen, aber er hörte die Baschkiren immer noch
kreischen, da fiel ihm ein, dass es ihm nur hier unten so vorkam, als
sei die Sonne schon untergegangen, vom Hügel aus mußte sie noch
zu sehen sein. Pachom holte noch einmal tief Atem und stürmte den
Hügel hinan. Oben war es noch hell. Als Pachom ankam, sah er seine
Mütze. Vor der Mütze saß der Älteste, kicherte und hielt sich den
Bauch mit den Händen. Da fiel Pachom wieder sein Traum ein, er
schrie laut auf, die Beine knickten ihm ein, er fiel vornüber und griff
mit den Händen nach der Mütze.
   »Ai, tüchtiger Kerl!« rief der Älteste. »So viel Erde hast du dir
angeeignet!«
   Pachoms Knecht lief hinzu, um ihm aufzuhelfen. Aber Blut stürzte
aus seinem Munde … er lag tot da …
   Da schnalzten die Baschkiren mit der Zunge und bedauerten ihn.
   Der Knecht aber nahm die Hacke auf, grub ein Grab für Pachom,
gerade so lang, wie er vom Kopf bis zu den Füßen maß – drei Arschin
(rund 3 m) – und scharrte ihn ein.

Der Mensch benötigt also keinen Privatbesitz, und an Erde braucht er nur so viel, wie sein Grab beansprucht. – Sicherlich eine Ansicht, über die man streiten kann!

Auch über die literarische Qualität dieser Volkserzählungen kann man streiten. Manches klingt für uns heute sehr belehrend, mit erhobenem Zeigefinger. Interessanter ist da schon die Erzählung »Der Leinwandmesser«, die Geschichte eines Pferdes, erzählt aus der Perspektive eines Pferdes. Tolstoi hatte Zeit seines Lebens eine besondere Beziehung zu Pferden; die täglichen Ausritte waren für ihn selbstverständlich, der Umgang mit den Tieren bereitete ihm bis ins hohe Alter Vergnügen.

So ist es sicherlich kein Zufall, dass er diesmal ein Pferd als Erzähler auftreten lässt. Der alte Wallach blickt kurz vor seinem Tod auf sein wechselvolles Leben zurück und erzählt den anderen Tieren des Gutshofes von seiner Vergangenheit. Aus Sicht eines Pferdes ist dabei vieles merkwürdig, was für die Menschen als normal und selbstverständlich gilt:

Was sie vom Peitschen und vom Christentum redeten, verstand ich recht gut; ganz unklar aber blieb mir, was die Worte bedeuteten: mein, sein Fohlen, woraus ich ersah, dass mich die Menschen in irgendeinen Zusammenhang mit dem Stallmeister brachten. Worin dieser Zusammenhang bestand, konnte ich damals noch nicht begreifen. Erst viel später, als man mich bereits von den übrigen Pferden abgesondert hatte, verstand ich, was es bedeutete. Damals konnte und konnte ich jedoch nicht begreifen, was es heißen sollte, dass man mich das Eigentum eines Menschen nannte. Die Worte ›mein Pferd‹, die sich auf mich, ein lebendes Wesen bezogen, dünkten mich damals ebenso seltsam wie die Worte ›mein Land‹, ›meine Luft‹, ›mein Wasser‹. [...]

Ich bin heute überzeugt, dass darin auch der Unterschied zwischen den Menschen und uns besteht. Ohne noch von unseren anderen Vorzügen gegenüber den Menschen zu sprechen, können wir deshalb schon aus diesem Grunde allein kühn behaupten, dass wir auf der Stufenleiter der lebenden Wesen höher stehen als die Menschen. Die

Handlungen der Menschen, wenigstens derjenigen, mit denen ich in Berührung gekommen bin, sind von Worten getragen, die unseren von Taten.

Diese verfremdete Perspektive macht den Leser stutzig, sie bringt ihn zum Nachdenken. Es macht aber auch Spaß, sich auf das Spiel einzulassen und die Dinge mit anderen Augen zu sehen.

Tolstois Arbeitszimmer

Tod und *Auferstehung*

Mit zunehmendem Alter vertritt Leo Tolstoi immer hartnäckiger seine Auffassungen vom richtigen christlichen Leben; die Literatur im engeren Sinne interessiert ihn weit weniger. Trotzdem entstehen auch in dieser Phase große Werke, von denen hier drei exemplarisch vorgestellt werden sollen: »Der Tod des Iwan Iljitsch« als Beispiel für den Umgang mit dem Thema »Tod«, »Die Kreutzersonate« zum Thema »Liebe, Sexualität, Ehe« und der dritte und letzte Roman Tolstois – »Auferstehung«.

Wie in früheren Werken interessiert sich Tolstoi auch in der Erzählung »Der Tod des Iwan Iljitsch« für die Fragen »Wie sterben wir?« und »Mit welcher Einstellung sterben wir?« Hinter allem aber steht das Problem »Wozu leben wir?«.

Der 45-jährige Gerichtsbeamte Iwan Golowin ist nach längerer Krankheit qualvoll gestorben. Sein Tod erleichtert Freunde und Bekannte:

Außer den allgemeinen Erwägungen, zu denen dieser Todesfall einen jeden veranlasste, nämlich welche dienstlichen Veränderungen und Neubesetzungen nun erfolgen könnten, rief die bloße Tatsache des Hinscheidens eines nahen Bekannten bei allen, die davon erfuhren, wie immer, ein Gefühl der Freude hervor: gestorben ist er, nicht ich.

Von der Trauerfeier blickt der Erzähler zurück auf Iwan Iljitschs Leben und insbesondere seine Erkrankung und sein monatelanges Leiden, das ihm nur durch die mitfühlende und tatkräftige Unterstützung seines Dieners, des ehemaligen Bauern Gerasim, gelindert wird.

Im Sterben findet der Kranke aber zu sich selbst zurück, versöhnt sich mit seinem Leben und der Tatsache, dass es jetzt zu Ende geht. Alle

Zweifel treten zurück, das Dunkel erhellt sich, und Iwan Iljitsch blickt in ein ganz besonderes Licht:

In diesem selben Augenblick stürzte Iwan Iljitsch hinab, sah Licht, und es war ihm offenbar, dass sein Leben nicht so gewesen war, wie es hätte sein sollen, dass es aber noch gutgemacht werden konnte. [...] Da fühlte er, dass jemand seine Hand küsste. Er öffnete die Augen und erblickte seinen Sohn. Der Junge dauerte ihn. Seine Frau trat zu ihm. Er sah auch sie an. Mit geöffnetem Mund und ungetrockneten Tränen an der Nase und auf der Wange sah sie ihn mit verzweifeltem Gesichtsausdruck an. Auch sie dauerte ihn.

»Ja, ich quäle sie«, dachte er. »Es ist ihnen leid um mich, aber es wird ihnen besser sein, wenn ich sterbe.« Er wollte ihnen das sagen, konnte es aber nicht herausbringen. »Übrigens – wozu reden? Ich muss es tun«, dachte er. [...]

Und plötzlich wurde ihm klar, dass das, was ihn gequält hatte und nicht ans Licht kommen wollte, jetzt mit einem Male kam – von zwei Seiten, von zehn Seiten, von allen Seiten. Sie dauerten ihn, sie sollten keine Schmerzen leiden. Er musste sie und sich selbst von diesen Qualen erlösen. »Wie schön und wie einfach«, dachte er. »Und der Schmerz?« fragte er sich. »Wo soll ich mit dem hin? Nun, wo bist du denn, Schmerz?«

Er lauschte. »Ja, da ist er. Nun mag es schmerzen.«

Und der Tod? Wo ist der?

Er suchte seine bisherige gewohnte Todesfurcht und fand sie nicht. Wo war er? Was war der Tod? Er empfand nicht die geringste Furcht, denn es gab gar keinen Tod. Statt des Todes war Licht da.

»Das also ist es!« sagte er plötzlich laut. »Welch eine Freude!«

Tolstoi lässt seine Titelfigur einen ruhigen Tod finden und bekämpft zugleich beim Schreiben und durch das Schreiben seine eigene Todesangst, die ihn über die Jahre begleitet. –

Neben den Themen Tod und Sterben ist für Tolstoi zeitlebens der Komplex »Liebe zwischen Mann und Frau« mit all seinen Facetten ein zentrales Thema. Wie kann man auf Dauer miteinander leben? Welche Rolle spielt die Sexualität? Welche Konsequenzen hat die Emanzipation der Frau für die Ehe? In seinem wohl umstrittensten Werk »Die Kreutzersonate« behandelt Tolstoi diese Fragen und gibt zum Teil radikale Antworten. Im Mittelpunkt der längeren Erzählung stehen die Erlebnisse eines Mannes, des Gutsbesitzers Posdnyschew, der nach mehrjähriger Ehe seine Frau aus Eifersucht getötet hat.

Während einer mehrtägigen Eisenbahnfahrt schildert er seinem Mitreisenden, wie es zu der Tat kam und welche Schlüsse er aus dem Geschehen gezogen hat. Die Schuld gibt er der Sinnlichkeit, der körperlichen Seite der Liebe, und dem damit verbundenen Kampf der Geschlechter:

Man gibt der Frau das Recht, zu studieren, Abgeordnete zu werden, sieht aber in ihr zugleich ein Objekt des Genusses. Sie wird immer ein verkommenes Geschöpf bleiben, wenn man sie selber, wie es bei uns geschieht, daran gewöhnt, sich als ein solches zu betrachten. Entweder wird sie mit Hilfe verbrecherischer Ärzte die Geburt eines Kindes unterbinden, das heißt vollends zu einer Prostituierten werden, die nicht einmal den Tieren gleich ist, sondern nur noch einen Gegenstand darstellt, oder sie wird, wie es meist der Fall ist, ein gemütskrankes, hysterisches, unglückliches Geschöpf, das keinerlei Möglichkeit zu geistiger Entwicklung hat.

Der Besuch von Gymnasien und Universitäten vermag das nicht zu wandeln. Ein Wandel kann nur eintreten, wenn die Männer ihre Einstellung zu den Frauen und diese ihre Meinung über sich selbst ändern. Der jetzige Zustand wird sich erst ändern, wenn die jungen Mädchen ihre Jungfräulichkeit als höchsten Besitz betrachten, anstatt in der Schande und Schmach das höchste Glück des Lebens zu sehen. Solange das aber noch nicht der Fall ist, wird jedes junge Mädchen, so gebildet es auch sein mag, immer danach trachten, möglichst viele

Männer, möglichst viele Männchen anzulocken, um unter ihnen ihre Wahl zu treffen.

Dadurch, dass die eine gut in Mathematik beschlagen ist und die andere Harfe spielt, ändert sich nichts. Eine Frau ist glücklich und erreicht alles, was sie sich wünschen kann, wenn sie die Männer bestrickt. Deshalb sieht es jede Frau als ihre wichtigste Aufgabe an, sich die Fähigkeit zur Bestrickung der Männer anzueignen. So war es von jeher, und so wird es auch ferner sein. So ist es in unseren Kreisen unter den jungen Mädchen gang und gäbe, so wird es auch fortgesetzt, wenn sie geheiratet haben. Das junge Mädchen braucht das, um sich einen Mann wählen zu können, die verheiratete Frau, um den Mann zu beherrschen.

Wenn Tolstoi als Konsequenz die Enthaltsamkeit fordert, so ist das nicht nur wirklichkeitsfremd, sondern klingt auch wenig überzeugend bei einem Mann, der bis ins hohe Alter sexuell aktiv blieb. Es zeigt aber, wie stark der Autor zeitlebens von Frauen und Mädchen angezogen wurde, wie ihn das andere Geschlecht faszinierte in einem Maße, dass er sich hilflos und unterlegen fühlte.

Trotz Verbotes durch die Zensurbehörden verbreitete sich »Die Kreutzersonate« in Abschriften schnell in Russland. Früh erschienen Übersetzungen in andere Sprachen, und mit bis heute sechs Verfilmungen gehört das Werk weltweit zu den bekanntesten russischen Prosatexten. Auch in Deutschland entfachte das umstrittene Büchlein eine heftige Diskussion, verteidigt wurde es unter anderem von den bedeutenden Schriftstellern Gerhard Hauptmann und Heinrich Mann. – Als Einstieg in die Welt Tolstois sollte man aber lieber einfachere Beispiele wählen – vielleicht auch das Buch »Auferstehung«.

Zehn Jahre schreibt Leo Tolstoi an seinem letzten Roman, der auf einer wahren Begebenheit beruht, und erneut erzählt er nicht nur die Geschichte seiner Figuren, sondern spricht viele Themen an und zeichnet ein Panorama des zeitgenössischen Lebens. Anders als in »Krieg und Frieden«

und »Anna Karenina« geht es diesmal jedoch um die Stadt mit ihren Problemen, Fehlern und Wunden. Gleich der Einstieg deutet dies an:

Wie sehr sich die Menschen auch mühten, nachdem ihrer einige Hunderttausend auf einem kleinen Raume angesammelt hatten, die Erde, auf der sie sich drängten, zu verunstalten; wie sehr sie den Boden mit Steinen zurammelten, damit nichts darauf wachse, wie eifrig sie ihn von jedem hervorbrechenden Gräschen reinigten, wie sehr sie mit Steinkohlen, mit Naphta dunsteten, wie sie auch die Bäume beschnitten, alle Tiere und Vögel verjagten – der Frühling war doch Frühling, sogar in der Stadt! Die Sonne wärmte, das neu auflebende Gras wuchs, grünte überall, wo man es nicht weggekratzt hatte, nicht nur auf den Rasenstücken der Boulevards, sondern auch zwischen den Steinplatten; Birken, Pappeln, Traubenkirschen ließen ihre klebrigen, duftigen Blätter sich entfalten; die Linden schwellten ihre berstenden Knospen; Dohlen, Spatzen und Tauben bereiteten schon frühlingshaft fröhlich ihre Nester; Bienen und Fliegen summten, von der Sonne erwärmt, an den Wänden. Fröhlich waren die Pflanzen, die Vögel, die Insekten, die Kinder. Nur die Menschen, die großen erwachsenen Menschen hörten nicht auf, sich und einander zu betrügen und zu quälen. Die Menschen glaubten, dass nicht dieser Frühlingsmorgen heilig und wichtig sei, nicht diese Schönheit der Gotteswelt, die zum Heil aller Wesen gegeben ist – die Schönheit, die zum Frieden, zur Eintracht, zur Liebe geneigt macht, sondern heilig und wichtig war das, was sie selbst sich ausgedacht hatten, um übereinander zu herrschen.

Die Fabel der Geschichte ist schnell erzählt. Dmitrij Nechljudow, ein reicher Adliger, verführt Katja Maslowa, ein junges Mädchen, das seine Tante in ihren Haushalt aufgenommen hatte. Das Mädchen, das er mit 100 Rubeln am nächsten Tag zurücklässt, wird durch die uneheliche Schwangerschaft zur Ausgestoßenen, sogar zur Prostituierten. Schließlich

Leonid Pasternak: Nechljudow
(Illustration zum Roman »Auferstehung«)

Leonid Pasternak: Die Angeklagte
(Illustration zum Roman »Auferstehung«)

wird sie des Mordes angeklagt und vor Gericht gestellt. Dort begegnet sie wieder Nechljudow, der als Geschworener am Prozess teilnimmt. Aufgrund einer Ungeschicklichkeit der unerfahrenen Geschworenen muss das Gericht sie zu Zwangsarbeit verurteilen, obwohl man sie eigentlich für unschuldig hält. Nechljudow fühlt sich aber nun in zweifacher Hinsicht für ihr Unglück verantwortlich. Er reist ihr nach Sibirien nach und erreicht eine Revision des Urteils – Katja wird entlassen und darf sich in der Verbannungsregion ansiedeln. Sie weist aber Nechljudow zurück und beschließt, mit einem Mithäftling ein neues Leben anzufangen. Nechljudow findet Trost und Orientierung in der Lektüre der Bibel, vor allem in der »Bergpredigt«.

Aus dem meisterhaften, aber oft bedrückend realistischen Text sei hier ein Beispiel angeführt, in dem es um die Situation Katjas und ihrer Mithäftlinge geht. Der Horror des Strafvollzugs wird noch dadurch gesteigert, dass der Leser an der Schuld der Häftlinge zweifelt und das gesamte russische Rechtssystem als fehlerhaft oder sogar sinnlos erscheint.

Die Gefängniszelle, in welcher die Maslowa eingesperrt war, war ein neun Arschin *(ca. 6,5 m)* langer und sieben Arschin breiter Raum mit zwei Fenstern, einem vorspringenden, abgeblätterten Ofen und Pritschen von ausgetrockneten Brettern, welche zwei Drittel des Raumes einnahmen. […]

Der Insassen in dieser Zelle waren im Ganzen fünfzehn: zwölf Frauen und drei Kinder.

Es war noch ganz hell, und nur zwei Frauen lagen auf der Pritsche: eine bis über den Kopf mit dem Kaftan zugedeckte Blödsinnige, die wegen fehlender Ausweispapiere verhaftet war – sie schlief fast immer – und eine andere, Schwindsüchtige, die ihre Strafe wegen Diebstahls abbüßte. Diese schlief nicht und lag mit weit geöffneten Augen da, den Kaftan unter den Kopf geschoben. Mit Mühe hielt sie den kitzelnden und brodelnden Schleim in der Kehle zurück, um nicht zu husten. Von den übrigen Frauen, von denen die meisten nur Hemden aus roher Leinwand anhatten, saßen einige auf der Pritsche, drei von ihnen nähten; einige aber standen am Fenster und sahen zu den über den Hof gehenden Gefangenen hinunter.

Eine jener drei Nähenden war […] eine hoch gewachsene, kräftige, runzelige Frau von finsterem Aussehen mit zusammengezogenen Augenbrauen und mit einem unter dem Kinn hängenden Hautsack, mit einem kurzen Zöpfchen blonder, an den Schläfen angegrauter Haare und mit einer haarigen Warze auf der Wange. Diese Alte war, weil sie ihren Mann mit der Axt erschlagen hatte, zu Zwangsarbeit verurteilt worden. Totgeschlagen aber hatte sie ihn, weil er ihrer Tochter nachstellte. […] Neben ihr saß und nähte gleich ihr Säcke aus Segeltuch eine große, schwärzliche, stumpfnasige Frau mit kleinen schwarzen Augen, gutmütig und geschwätzig. Dies war eine Wächterin aus einem Bahnwärterhäuschen, die zu drei Monaten Gefängnis verurteilt war, weil sie nicht zum Zuge mit der Fahne herausgekommen war; der Zug aber war verunglückt. Die dritte nähende Frau war Fedosia, eine weiße, rotbäckige, ganz junge reizende Frau mit klaren, kindlichen blauen Augen; zwei lange blonde Zöpfe trug sie um den kleinen Kopf gelegt. Sie befand sich in Haft wegen eines Versuchs, ihren Mann zu vergiften. Diesen Vergiftungsversuch machte sie sogleich nach der Verehelichung – sie war als sechzehnjähriges Mädchen verheiratet worden. Im Verlaufe der acht Monate, in welchen sie, gegen Kaution entlassen, die gerichtliche Entscheidung erwartete, hatte sie sich nicht nur mit dem Mann ausgesöhnt, sondern ihn sogar so lieb gewonnen, dass sie, als das Urteil sie traf, mit ihrem Mann ein Herz und eine Seele war. Trotzdem der Mann, der Schwiegervater und besonders die Schwiegermutter, die sie lieb gewonnen hatten, sich aus allen Kräften bemühten, zu ihren Gunsten auszusagen, wurde sie zur Verschickung nach Sibirien in Zwangsarbeit verurteilt. [...] Ohne Arbeit saßen auf der Pritsche noch zwei Frauen. Die eine mit blassem, magerem Gesicht, ehemals augenscheinlich sehr schön, jetzt hager und bleich, hielt ein Kind im Arm und nährte es an der weißen, langen Brust. Ihr Verbrechen bestand in folgendem: Als man aus ihrem Dorfe einen nach den Begriffen der Bauern ungesetzlich eingezogenen Rekruten wegführte, hielt das Volk den Stanowoj zurück und entriss ihm den Rekruten. Diese Frau aber, die Tante des ungesetzlich eingezogenen Burschen, fasste als erste das Pferd, auf dem man den Rekruten entführen wollte, am Zügel.

Ferner saß ohne Arbeit auf der Pritsche ein nicht großes, ganz runzeliges, gutmütiges altes Frauchen mit grauen Haaren und buckligem Rücken. Die Alte saß beim Ofen auf der Pritsche und tat, als ob sie ein vierjähriges, kurzgeschorenes, dickbäuchiges Bübchen, das sich vor Lachen ausschüttete, fangen wolle. Der kleine Bub im bloßen Hemdchen lief an ihr vorbei und sagte dazu immer dasselbe: »Etsch! hast mich nicht gekriegt!« Diese Alte, die samt ihrem Sohn wegen Brandstiftung angeklagt war, ertrug die Gefangenschaft mit der größten Gutmütigkeit; nur war sie um ihren Sohn bekümmert, der gleichzeitig mit ihr im Gefängnis saß; am allermeisten aber um ihren Alten, der, wie sie fürchtete, ohne sie ganz und gar verlausen würde, da auch die Schwiegertochter weggegangen war und niemand da war, der ihn waschen konnte.

Außer diesen sieben Frauen standen noch vier an einem der geöffneten Fenster, hielten sich an dem eisernen Gitter fest und tauschten Zeichen und Zurufe mit den im Hofe vorübergehenden Gefangenen. Eine dieser Frauen, die wegen Diebstahls ihre Strafe abbüßte, war ein großes schweres, rothaariges Weib mit hängendem Leibe; gelblichweiß, sommersprossenübersät war das Gesicht, der dicke Hals, der aus dem aufgebundenen, offenen Kragen hervorsah, und die Arme. Mit heiserer Stimme schrie sie laut unanständige Worte durchs Fenster. Neben ihr stand eine schwärzliche Gefangene, vom Wuchse eines zehnjährigen Mädchens, mit langem Oberkörper und ganz kurzen Beinen. Ihr Gesicht war rot und fleckig, mit weit auseinander stehenden schwarzen Augen und dicken, kurzen Lippen, die die weißen, vorstehenden Zähne nicht bedeckten. Winselnd lachte sie ab und zu auf über das, was auf dem Hofe vor sich ging. Diese Gefangene war wegen Diebstahls und Brandstiftung in Untersuchungshaft. Hinter ihnen stand eine magere, sehnige, schwangere Frau von kläglichem Aussehen, mit ungeheuer großem Bauch, in einem schmutzigen, grauen Hemde. Sie befand sich wegen Hehlerei in Haft. Diese Frau schwieg, aber die ganze Zeit lächelte sie beifällig und glückselig über die Vorgänge auf dem Hofe. Die vierte am Fenster war eine kleine, stämmige Frau aus dem Dorf, die wegen heimlichen Schnapsverkaufes eine Strafe absaß. Diese Frau, mit sehr vorgewölbten Augen und gutmütigem Gesichte, die Mutter des mit der Alten spielenden Knaben und eines siebenjährigen Mädchens, das auch mit ihr im Gefängnis war, weil sie niemand hatte, bei dem sie die Kinder hätte lassen können, sah ebenso wie die anderen aus dem Fenster und strickte dabei ohne Unterbrechung an ihrem Strumpfe, aber ihr Gesicht runzelte sich vor Missbilligung, und oft schloss sie die Augen bei dem, was die Gefangenen auf dem Hofe sprachen. Ihr Töchterchen aber, das siebenjährige Mädchen mit dem aufgelösten weißlichen Haar, das im bloßen Hemde neben der Rothaarigen stand und sich mit der mageren kleinen Hand an ihrem Rock festhängte, horchte aufmerksam, mit starren Augen, auf die schändlichen Redensarten, welche die Frauen mit den Gefangenen wechselten, und wiederholte sie flüsternd, als ob sie sie auswendig lernen wollte. Die zwölfte Gefangene war die Tochter eines Küsters: sie hatte ihr Kind im Brunnen ertränkt. Es war ein großes schlankes Mädchen mit wirrem, aus dem nicht sehr langen, dicken, blonden Zopf hervor gezerrtem Haar und mit starren, vortretenden Augen. Ohne dem, was um sie herum geschah, irgendwelche Aufmerksamkeit zu schenken, ging sie barfuß, nur im schmutzigen grauen Hemd, in dem freien Raum der Zelle auf und ab und drehte jedes mal scharf und rasch um, wenn sie die Wand erreichte.

Die Einnahmen aus dem Verkauf des Romans verwendet Tolstoi zur Unterstützung seiner Anhänger, die im In- und Ausland Kommunen gründen, in denen sie nach den Vorstellungen des Schriftstellers und Denkers leben und arbeiten. Dieses Vorgehen des Grafen entfremdet ihn noch mehr von seiner Frau, die die Mittel lieber für ein standesgemäßes Leben und die Ausbildung der Kinder verwenden würde. Und es steigert das Misstrauen von Staat und Kirche, was schließlich sogar zu seiner Exkommunikation, dem Ausschluss aus der orthodoxen Kirche, führt.

Das Zusammenleben des Ehepaars Tolstoi gestaltet sich in Leos letzten Lebensjahren immer schwieriger. Der Autor will auf die Rechte an seinen Werken und seinen Besitztümern verzichten, Sofia setzt alles daran, die materielle Situation der Familie zu stabilisieren und für die Zukunft zu sichern. In dem Film »Ein Russischer Sommer« (2010) wird diese späte Lebensphase Tolstois anschaulich

Ehefrau und Managerin: Sofia Tolstaja

nachgezeichnet und in ihrer Tragik veranschaulicht. Heimlichkeiten und Misstrauen prägen den Alltag der beiden alternden Eheleute, und in die Konflikte mischen sich die Kinder, aber auch die Anhänger Tolstois, immer wieder ein. Trotzdem versöhnen sich Leo und Sofia regelmäßig und bleiben auch durch die körperliche Liebe miteinander verbunden.

Die endgültige Trennung wird dadurch lange Zeit aufgeschoben – im Oktober 1910 ist es dann aber so weit. Mitten in der Nacht bricht Leo Tolstoi in Begleitung seines Arztes und unterstützt durch seine Tochter Alexandra auf und »flieht« von Jasnaja Poljana, ohne dass er genau weiß, wohin die Reise gehen soll. Seiner Frau hinterlässt er einen Brief:

4 Uhr morgens, den 28. Oktober 1910

Meine Abreise wird Dich betrüben, es tut mir leid, doch verstehe mich und glaube mir, dass ich nicht anders handeln konnte. Meine Lage im Haus wird unerträglich, sie ist es längst geworden. Abgesehen von allem andern, ist es mir unmöglich, in dieser luxuriösen Umgebung weiterzuleben, und ich habe das getan, was alte Leute in meinem Alter gewöhnlich tun – ich verlasse dieses weltliche Leben, um meine letzten Lebenstage in Abgeschiedenheit und Stille zu verbringen.

Ich bitte Dich, das zu würdigen und mich nicht aufzusuchen, auch wenn Du meinen Aufenthaltsort erfahren solltest. Ein solcher Besuch würde nur Deine und meine Lage verschlimmern, aber nichts an meinem Entschlusse ändern.

Ich danke Dir für Dein ehrliches, 48-jähriges Zusammenleben mit mir und bitte Dich, mir zu verzeihen, wenn ich mir Dir gegenüber etwas habe zuschulde kommen lassen, ebenso wie ich Dir von Herzen alles verzeihe, was Du vielleicht an mir verschuldet hast. Ich rate dir, Dich mit der neuen Lage abzufinden, in die Dich meine Abreise versetzt hat, und bitte Dich, meiner nicht unfreundlich zu gedenken. Wenn Du mir etwas mitzuteilen beabsichtigst, so übergib es Sascha, sie wird über meinen Aufenthaltsort unterrichtet sein und mir das

Nötige mitteilen. Meinen Aufenthalt kann ich Dir nicht verraten, weil ich ihr das Versprechen abgenommen habe, ihn niemandem zu sagen.
Leo Tolstoi.

Als Sofia Tolstaja versteht, was passiert ist, versucht sie, sich das Leben zu nehmen. Es gelingt aber, sie zu retten und zu beruhigen. Einige Tage später reist sie ihrem Mann hinterher, der inzwischen auf der Bahnstation Astapowo 400 km südlich von Moskau angekommen war. Aufgrund einer Lungenentzündung verschlechtert sich der Gesundheitszustand des Dichters zusehends, so dass an eine Weiterreise nicht zu denken ist. Leo Tolstoi, der Zeit seines Lebens die Eisenbahn gehasst hat, stirbt im November 1910 ausgerechnet in den Räumen des Bahnvorstehers.

Von »Abgeschiedenheit und Stille« kann in den letzten Tagen und Stunden keine Rede sein. Zeitungsreporter und sogar Kameraleute aus ganz Russland reisen nach Astapowo, um über das Sterben des inzwischen weltberühmten Schriftstellers zu berichten.

Beerdigt wird Leo Tolstoi auf seinem Gut Jasnaja Poljana.

Tolstoi-Denkmal in Moskau

Tolstoi in Deutschland – Tolstoi im Film

Das deutsche Publikum hatte etwa seit Mitte des 19. Jahrhunderts Bekanntschaft mit der russischen Literatur gemacht. Der erste russische Autor, der hier eine größere Leserschaft fand, war Iwan Turgenjew. Anfang der 8oer Jahre wurde er in der Popularität von Fjodor Dostojewski abgelöst, und seit 1885, der Veröffentlichung der deutschen Übersetzungen

von »Krieg und Frieden« sowie »Anna Karenina«, tritt Leo Tolstoi in den Vordergrund. Seine Romane und Erzählungen erreichen hohe Auflagen, sein Drama »Die Macht der Finsternis« wird wiederholt inszeniert.

Die Zeit nach 1871 ist generell eine Phase ausgesprochen guter deutsch-russischer Beziehungen. Die positive Rolle, die Russland bei der Gründung des Deutschen Kaiserreiches gespielt hatte, war in Deutschland aufmerksam beobachtet worden. Der erste Kanzler des neuen Staates, Fürst Bismarck, hatte seit seiner Petersburger Zeit – er war preußischer Gesandter am russischen Hofe gewesen – gute Beziehungen zu Russland, und in den folgenden Jahren schuf er ein Bündnissystem, das zu einer weiteren Annäherung der beiden Länder führte.

Auch die deutschen Schriftsteller interessierten

Ilja Repin: Leo Tolstoi (1901)

sich zunehmend für Russland und seine Kultur;

die russische Literatur wurde für Theodor Storm, Theodor Fontane und andere zum Vorbild für realistische und naturalistische Texte. Schon bald werden erstaunlich genaue Analysen der Werke Tolstois vorgelegt, die die Besonderheiten der Situation in Russland berücksichtigen. So beginnt Paul Ernst seinen Aufsatz »Leo Tolstoi und der slawische Roman« mit einer Einleitung zur Rolle der Literatur in Russland:

In viel höherem Maße als in den anderen Ländern wird in Russland das literarische Leben durch das politische und soziale bestimmt; Jahrzehnte hindurch war die Dichtung das einzige Medium, durch welches politische und soziale Gedanken dem Publikum mitgeteilt werden durften, und durch diesen Umstand gewöhnte sich der Russe daran, von der Dichtung überhaupt Beschäftigung mit derartigen Fragen zu verlangen. Eine Literatur, welche unbekümmert um die Lebensinteressen des Lesers »frei« schafft, ist in Russland unmöglich; Belinski spricht es auf jeder Seite aus, und seine Worte sind nur der Widerhall der Forderungen, welche das Publikum stellt, dass die Literatur das wirkliche, reale Leben mit allen seinen Interessen abspiegeln solle, damit durch sie das Verständnis für die Fragen des Lebens in die Gesellschaft hineingetragen werde.

Diese Forderung macht von vornherein jede »idealistische« Poesie unmöglich [...]. Von dem Augenblick an, als jene Forderung aufgestellt war, bestrebte sich die russische Literatur, realistisch zu werden.

Andere Autoren interessiert weniger die Gesellschaftskritik als vielmehr die Ausrichtung auf das einfache Volk und auf das bäuerliche Leben. Ein Vertreter dieser Richtung war der große deutsche Dichter Rainer Maria Rilke (1875–1926), der sich jahrelang mit der russischen Kultur beschäftigte und der im russischen Bauern ein positives Gegenbild zum zivilisierten Westeuropäer sah – fromm, dem Schicksal ergeben, naiv, irrational, schöpferisch. Mit seiner Geliebten, der Russlanddeutschen Lou Andreas-Salomé, bereiste er 1899 und 1900 das Land seiner Träume und traf dabei

zweimal mit Leo Tolstoi zusammen. Die Schilderung der zweiten Begeg-
nung in Jasnaja Poljana zeigt, welche Bewunderung Rilke dem verehrten
Künstler entgegen brachte:

Vor diesem Tore stiegen wir ab und gehen leise, wie Pilger, die stille
Waldstraße hinauf, bis das Haus immer weißer und länger hervortritt.
Ein Diener bringt unsere Karten hinein. Und in einer Weile sehen
wir hinter der Tür, im dämmerigen Vorraum des Hauses, die Gestalt
des Grafen. Der älteste Sohn öffnet die Glastür, und wir stehen im
Flur dem Grafen gegenüber, dem greisen Manne, zu dem man immer
wie ein Sohn kommt, selbst wann man nicht unter der Gewalt seiner
Väterlichkeit bleiben will. […] Denken Sie, er schlägt uns einen Gang
durch den Park vor. Statt des gemeinsamen Essens, das wir gefürchtet
und bestenfalls erhofft hatten, gibt er uns die Möglichkeit, mit ihm
allein zu sein in der schönen Landschaft, durch die er die schweren
Gedanken seines großen Lebens trug. […] Wir gehen langsam die
eng umwachsenen langen Wege entlang in reichem Gespräch, das,
wie damals, vom Grafen Wärme und Bewegung empfängt. Er spricht
russisch, und wo der Wind mir nicht die Worte verdeckt, verstehe ich
jede Silbe. Er hat die linke Hand unter seiner Wolljacke in den Gürtel
geschoben, die rechte ruht auf der Krücke seines Stockes, ohne sich
schwer aufzustützen, und er bückt sich von Zeit zu Zeit, um mit einer
Bewegung, als wollte er eine Blume mit dem um sie stehenden Duft
einfangen, ein Kraut zu pflücken, aus der hohlen Hand trinkt er das
Arom und lässt dann im Sprechen die leere Blume achtlos fallen in
den vielen Überfluss des wilden Frühlings, der dadurch nicht ärmer
geworden ist. – Das Gespräch geht über viele Dinge. Aber alle Worte
gehen nicht vor an ihnen vorüber, an den Äußerlichkeiten, sie drän-
gen sich hinter den Dingen im Dunkel durch. Und der tiefe Wert
von jedem ist nicht seine Farbe im Licht, sondern das Gefühl, dass es
aus den Dunkelheiten und Geheimnissen kommt, aus denen wir alle
leben. Und jedes mal wenn in dem Klang des Gesprächs das Nicht-

gemeinsame bemerkbar wurde, ging irgendwo ein Ausblick auf helle Hintergründe tiefer Einigkeit.

Und so war der Weg ein guter Weg. Manchmal im Wind wuchs die Gestalt des Grafen; der große Bart wehte, aber das ernste, von der Einsamkeit gezeichnete Gesicht blieb ruhig, wie unberührt vom Sturm.

Gleich nachdem wir das Haus betraten, nahmen wir Abschied vom Grafen in dem Gefühl kindlichen Dankes und reich von Geschenken seines Wesens.

Eine weitere Phase lebhaften Interesses an Russland und an Tolstoi setzte nach dem verlorenen 1. Weltkrieg ein. Viele deutsche Künstler verfolgten nicht nur die Ereignisse im kommunistischen Russland mit Neugier und zum Teil mit Sympathie, auch die großen Realisten Dostojewski und Tolstoi wurden wieder entdeckt. – Für kaum einen deutschen Schriftsteller spielte dabei die russische Kultur solch eine große Rolle wie für Thomas Mann (1875–1955). In seinen Werken treten viele russische Figuren auf, und in seiner publizistischen Arbeit setzt er sich immer wieder mit

Leo Tolstoi und Anton Tschechow (1901)

Leo Tolstoi und Maxim Gorki (1900)

Dostojewski, Tolstoi und Tschechow auseinander. Im Essay »Goethe und Tolstoi« stellt er die beiden »großen Männer« auf eine Stufe, hinsichtlich ihrer Genialität und ihrer Bedeutung, aber auch bezüglich ihres adligen Standes, ihrer kräftigen Gesundheit bis ins hohe Alter, ihrer Betonung der Sinnlichkeit und des Leiblichen in der Kunst. Ihnen gegenüber setzt er die körperlich schwachen, kranken, früh verstorbenen, aus einfachen Verhältnissen stammenden Dichter Schiller und Dostojewski. Für Thomas Mann ist der »anarchistische Urchrist des Ostens« einer der größten Künstler der Menschheit, und er zieht als Zeugen Turgenjew und Maxim Gorki heran:

Turgenjew, in seinem letzten Briefe an Tolstoi, jenem Brief, den er zu Paris auf dem Sterbebette schrieb und worin er den Freund beschwor, von den theologischen Selbstquälereien zur Kunst, zur Literatur zurückzukehren – Turgenjew war der erste, der ihm den Titel des »großen Schriftstellers des Russenlandes« verlieh, diesen Titel, der ihm seither zu eigen geblieben ist und der auszudrücken scheint, dass Tolstoi seinem Lande und Volk in der Tat ungefähr das bedeutet, was uns der Dichter des »Faust"« und des »Wilhelm Meister«. Tolstoi selbst angehend, so war er Christ durch und durch, wie Sie bemerkten, aber nicht Christ genug, um an übertriebener Demut zu leiden und seinen Namen nicht kühn neben die größten, ja neben die mythisch großen zu setzen. Von »Krieg und Frieden« hat er gesagt: »Ohne falsche Bescheidenheit, es ist etwas wie die Ilias.« Andere haben ihn über sein Erstlingswerk, »Kindheit und Knabenalter«, dasselbe sagen hören. War das Größenwahn? In meinen Augen, lassen Sie mich das aussprechen, ist es nichts als die reine und schlichte Wahrheit.

Zur Zeit des Nationalsozialismus interessiert den in der Emigration lebenden deutsch-jüdischen Schriftsteller Stefan Zweig (1881–1942) eher die moralische und die politische Seite der Schriften Tolstois. Als Humanist und Pazifist versteht er die Ansichten des Russen, auch wenn er nicht mit allem einverstanden ist:

Etwas ist falsch in der gegenwärtigen Gesellschaftsordnung, das ist ihm in innerster Seele schmerzlich klar geworden, und von dieser Stunde an hat Tolstoi ein einziges Ziel: die Menschen zu belehren, zu warnen, zu erziehen, dass sie das ungeheure Unrecht, das durch die Schichtung der Menschen in derart abgesonderte Klassen geschieht, aus eigenem Willen wieder gutzumachen sich bemühen.

Aus eigenem Willen und aus einer reinen moralischen Erkenntnis [...], denn Tolstoi zielt nicht auf eine gewaltsame, sondern auf eine sittliche Revolution, welche möglichst bald diese Nivellierung vollziehen und damit der Menschheit die andere, die blutige Revolution ersparen soll. Eine Revolution vom Gewissen her, eine Revolution durch einen freiwilligen Verzicht der Reichen auf ihren Reichtum, der Unbeschäftigten auf ihre Untätigkeit, und die baldige Neuschaffung einer Arbeitsteilung in dem natürlichen, gottgewollten Sinne, dass keiner einen übermäßigen Anteil an der Arbeit des andern haben dürfe, und alle nur gleiche Bedürfnisse; Luxus ist von nun ab für ihn nur eine Giftblüte im Sumpfe des Reichtums und muss um der Gleichheit zwischen den Menschen willen ausgerottet werden.

Stefan Zweig findet die konkreten Vorschläge Tolstois für das menschliche Zusammenleben der Zukunft »nebulös« und »konfus«, weist aber darauf hin, dass die Theorie von der gewaltlosen Veränderung der Gesellschaft eine gewaltige Sprengkraft in sich birgt, wie man am Beispiel des Umsturzes in Indien sehen könne. Mahatma Gandhi übernimmt die Überzeugung Tolstois und wendet seine Ideen im passiven Widerstand gegen die britische Besatzungsmacht erfolgreich an.

Nach dem Zusammenbruch des Faschismus erleben die Werke Tolstois in der BRD und der DDR eine neue Blüte. Auf der Suche nach Orientierung im Leben, auf der Suche nach einer Zukunft ohne Krieg wenden sich viele Leser erneut den russischen Realisten zu oder entdecken sie für sich zum ersten Mal. Die Werke Dostojewskis und Tolstois, später auch

Tschechows, erzielen hohe Auflagen, werden zur Schullektüre, finden ih-
ren Weg auf die deutschen Bühnen. Immer größere Bedeutung gewinnt
aber das Medium Film.

Angesichts der Vielzahl filmischer Umsetzungen der Romane Tolstois kann
im Folgenden nur ein grober Überblick gegeben werden, wobei insbeson-
dere auf die gelungensten Produktionen einzugehen ist sowie auf Filme,
die als DVD im Handel greifbar sind oder immer wieder im Fernsehen
gezeigt werden.

Krieg und Frieden

USA 1956	Regie: King Vidor	Audrey Hepburn (Natascha) Henry Fonda (Pierre) Mel Ferrer (Andrej)
Sowjetunion 1968	Regie: Sergej Bondartschuk	Ljudmila Saweljewa (Natascha) Sergej Bondartschuk (Pierre) Wjatscheslaw Tichonow (Andrej)
Deutschland, Frankreich, Italien, Polen, Russland 2007	Regie: Robert Dornhelm Brendan Donnison	Clémence Poésy (Natascha) Alexander Beyer (Pierre) Alessio Boni (Andrej)

Alle drei genannten Versionen sind es wert, angesehen zu werden. Die
Hollywood-Produktion von 1956 profitiert von der schauspielerischen Leis-
tung Audrey Hepburns, aber auch von der aufwändigen Inszenierung,
von Massenszenen mit vielen tausend Statisten, von der Kameraführung.
  Noch näher am Text orientiert sich die russische Verfilmung aus dem
Jahr 1968. Mit immensen Produktionskosten stellte man eine bis ins Detail
dem Roman folgende Adaption von acht Stunden her, die mehrfach als
beste filmische Umsetzung eines Tolstoj-Textes bezeichnet wurde. Kon-
sequenterweise erhielt Bondartschuks Werk 1969 den Oskar als »bester
fremdsprachiger Film«.

Nicht weniger aufwändig produzierte ein Zusammenschluss aus mehreren Fernsehgesellschaften größtenteils an Originalschauplätzen einen vierteiligen Film, der 2007 im italienischen Fernsehen und Anfang 2008 in ZDF und ORF präsentiert wurde. Die Einschaltquoten waren beachtlich, allein in Deutschland sahen rund 5 ½ Millionen Menschen die Miniserie, die dem Original recht nahe kommt. Wer sich die Zeit von 400 Minuten nimmt, kann sich an schönen Bildern und guter schauspielerischer Leistung erfreuen.

Anna Karenina

USA 1935	Regie: Clarence Brown	Greta Garbo (Anna) Fredric March (Wronskij) Maureen O'Sullivan (Kitty) Gyles Isham (Lewin)
Sowjetunion 1967	Regie: Alexander Sarchi	Tatjana Samoilowa (Anna) Wassilij Lanowoj (Wronskij) Anastassija Wertinskaja (Kitty) Boris Goldajew (Lewin)
USA 1997	Regie: Bernard Rose	Sophie Marceau (Anna) Sean Bean (Wronskij) Mia Kirshner (Kitty) Alfred Molina (Lewin)
Russland 2008	Regie: Sergej Solowjow	Tatjana Drubitsch (Anna) Jaroslaw Bojko (Wronskij) Sergej Garmasch (Lewin)

Besonderen Kultstatus besitzt der Film von 1935, auch wenn die Anziehungskraft fast ausschließlich auf der Schauspielkunst der großen Diva der damaligen Zeit, Greta Garbo, beruht. Ansonsten wirkt der Film merkwürdig unterkühlt, da man aus Zensurgründen alle Elemente von Leidenschaft vermeiden musste. Da darüber hinaus der wichtige Hand-

lungsstrang der »Lewin-Geschichte« ausgeklammert bleibt, verschiebt sich außerdem die gesamte Aussage des Romans.

Auch die russische Verfilmung von 1967 muss den umfangreichen Romantext deutlich kürzen, Alexander Sarchi gelingt es aber, der Vorlage gerecht zu werden. Die Rolle der Anna wird einfühlsam von der bekannten Schauspielerin Tatjana Samojlowa gespielt. Dem Zuschauer im Gedächtnis bleiben auch die Filmmusik und die Kameratechnik bei den Ballszenen oder beim Pferderennen.

Die Filmmusik spielt auch in der Version von 1997 eine herausragende Rolle, da sie geschickt eingesetzt wird, um die Gefühle der Personen auszudrücken oder zu unterstreichen. Bernhard Rose kommt es darauf an, die Psyche Annas und Lewins verständlich zu machen und zugleich ein Bild der vornehmen russischen Gesellschaft der damaligen Zeit zu zeichnen. Wie in der amerikanischen Verfilmung von 1935 setzt man aber auch auf die Wirkung und die Popularität der Hauptdarstellerin – des gefeierten Jung-Stars Sophie Marceau.

Die letzte Verfilmung, die ursprünglich als Fernseh-Mehrteiler produzierte Version des Regisseurs Sergej Solowjow (Rußland 2008), war bislang nicht in Deutschland zugänglich. Es bleibt zu hoffen, dass die Kinoversion mit 160 Minuten Länge doch noch einen deutschen Verleiher findet.

Auferstehung

USA 1934 »We Live Again«	Regie: Rouben Mamoulian	Anna Sten (Katjuscha) Frederic March (Nechljudow)
Deutschland, Italien, Frankreich 1958	Regie: Rolf Hansen	Myriam Bru (Katjuscha) Horst Buchholz (Nechljudow)
Sowjetunion 1961	Regie: Michail Schweizer	Tamara Sjomina (Katjuscha) Jewgenij Matwejew (Nechljudow)
Italien, Frankreich, Deutschland 2001	Regie: Paolo Taviani Vittorio Taviani	Stefania Rocca (Katjuscha) Timothy Peach (Nechljudow)

Interessanterweise stammt die erste filmische Adaption des Romans aus den Kindertagen des Kinos. Bereits 1909 produzierte der amerikanische Regisseur David Griffith einen 12-minütigen Stummfilm mit dem Titel »Resurrection«.

Als erste Verfilmung im eigentlichen Sinne gilt jedoch »We Live Again« von 1934. Regisseur und Drehbuchautoren gingen aber sehr frei mit der Vorlage um, versuchten den Text dem Publikumsgeschmack anzupassen und erfanden unter anderem einen anderen (positiven) Schluss. Trotzdem war der Film nicht erfolgreich.

Näher am Roman, heute aber weitgehend vergessen, ist die deutsche Version von 1958, während die textgetreue Bearbeitung des Romans durch den russischen Regisseur Michail Schweizer immer noch wegen ihrer schauspielerischen und filmischen Qualitäten geschätzt wird. Vor dem Hintergrund des kommunistischen Gesellschaftssystems in der Sowjetunion wurden zwar einige politische Akzente verschoben, aber insgesamt bleibt der Film auch in der Gegenwart sehenswert.

Die vorläufig letzte Variante ist eine anspruchsvolle italienisch-französisch-deutsche Koproduktion aus dem Jahr 2001, die allgemein hoch gelobt wurde und in der Tat der Aussage des Romans sehr nahe kommt, da sie das Schwergewicht auf die psychische Entwicklung Nechljudows legt.

Ob du die Bekanntschaft mit Leo Tostoi über die Texte oder zunächst über eine Verfilmung beginnst, bleibt deinem persönlichen Geschmack vorbehalten ...

Biographischer Überblick

1828	Leo Nikolajewitsch Tolstoi wird am 28.08. (alten Stils) auf dem Gut Jasnaja Poljana im Gebiet Tula geboren
1830	Tod der Mutter
1837	Tod des Vaters
1841	Umzug nach Kasan
1844–47	Studium an der Universität Kasan
1851–54	im Kaukasus
1852	erste Veröffentlichung: *Kindheit*
1854–55	Teilnahme am Krimkrieg; *Sewastopoler Skizzen*
1856	Abschied aus der Armee; *Der Morgen eines Gutsbesitzers*
1857	erste Europareise
1859	*Drei Tode*
1861–62	zweite Europareise; Schulgründung
1862	Heirat mit Sofia Behrs
bis **1869**	Arbeit an *Krieg und Frieden*
bis **1877**	Arbeit an *Anna Karenina*
1879–82	Arbeit an der *Beichte*
1882	Kauf des Moskauer Hauses im Stadtteil Chamowniki
1885	Deutsche Übersetzungen von *Krieg und Frieden* sowie *Anna Karenina* erscheinen
1886	*Leinwandmesser, Geschichte eines Pferdes* (begonnen 1863)
1886	*Der Tod des Iwan Iljitsch*
1887–89	Arbeit an der *Kreutzersonate*
1889–99	Arbeit am Roman *Auferstehung*
1898	Erscheinen der programmatischen Schrift *Was ist Kunst?*
1899	Exkommunizierung
1899/1900	Besuche Rainer Maria Rilkes bei Tolstoi
1910	am 28.10. »Flucht« aus Jasnaja Poljana; 07.11. (alten Stils) bzw. 20.11. (neuen Stils); Tod auf der Bahnstation Astapowo

Quellenangaben

Leo Tolstoi: Kindheit/Knabenjahre/Jugendzeit. Aus dem Russischen von Eva Luther
Berlin: J.Ladyschnikow-Verlag, 1924

Leo Tolstoi: Der Überfall und andere Erzählungen. Aus dem Russischen von Arthur
Luther. Berlin: Malik-Verlag, 1928

Leo Tolstoi: Krieg und Frieden. Band 1–4. Aus dem Russischen von Erich Boehme.
Berlin: Malik-Verlag, 1928

Leo Tolstoi: Anna Karenina: Aus dem Russischen von Arthur Luther. Berlin: Malik-
Verlag, 1928

Leo Tolstoi: Auferstehung. Aus dem Russischen von Ilse Frapan. Berlin: Malik-Verlag, 1928

Leo Tolstoi: Der Leinwandmesser und andere Erzählungen. Aus dem Russischen von
Arthur Luther, Erich Müller und August Scholz. Berlin: Malik-Verlag, 1928

Leo Tolstoi: Der Schneesturm und andere Erzählungen. Aus dem Russischen von Eva
Luther. Berlin: Malik-Verlag, 1928

Leo Tolstoi: Herr und Knecht. Aus dem Russischen von Erich Boehme. Berlin: Malik-
Verlag, 1928

Lew Tolstoi: Die Kreutzersonate. Ehegeschichten. Aus dem Russischen von Hermann
Asemissen. Berlin: Aufbau-Verlag, 2009

Leo Tolstoi: Meine Beichte. Aus dem Russischen von Raphael Löwenfeld. Jena:
Diederich-Verlag, 1921

Tolstois Flucht und Tod. Geschildert von seiner Tochter Alexandra. Mit den Briefen
und Tagebüchern von Leo Tolstoi, dessen Gattin, seines Arztes und seiner Freunde.
Berlin: Cassierer-Verlag, 1925

Paul Ernst: Leo Tolstoi und der slawische Roman. In: Russische Literatur in
Deutschland. Hrsg.: S. Hoeffert. Tübingen: Niemeyer Verlag, 1974

Rainer Maria Rilke: Brief an Sofia N. Schill vom 2.6.1900. In: Rilke in Russland. Hrsg.:
Konstatin Asadowski. Frankfurt/M.: Insel-Verlag, 1986

Thomas Mann: Goethe und Tolstoi. In: ders., Leiden und Größe der Meister.
Frankfurt/M.: Fischer Bücher, 1957

Stefan Zweig: Nachwort. Tolstoi als religiöser und sozialer Denker. In: Leo Tolstoi:
Auferstehung. Frankfurt/M.: S. Fischer-Verlag, 1990

Literaturverzeichnis

Geir Kjetsaa: Leo Tolstoj. Dichter und Religionsphilosoph. Gernsbach: Katz, 2001

Janko Lavrin: Tolstoj. Mit Selbstzeugnissen und Bilddokumenten. Reinbek: Rowohlt,
    1989 (= rowohlts monographien, 57)

Wilhelm Lettenbauer: Tolstoj. Eine Einführung. München/Zürich: Artemis, 1984
    (= Artemis Einführungen, 11)

Jay Parini: Ein russischer Sommer. Tolstojs letztes Jahr. Roman. München: C.H. Beck,
    2010

Viktor Schklowski: Leo Tolstoi. Eine Biographie. Wien/München/Zürich: Europaverlag,
    1981

Sofia Andrejewna Tolstaja: Tagebücher. 1862–1897. Königstein/Ts.: Athenäum, 1982

Lev N. Tolstoj: Gesammelte Werke in 20 Bänden. Hrsg.: Eberhard Dieckmann und
    Gerhard Dudek. Berlin: Rütten und Loening, 1966ff.

Leo Tolstoi: Gesammelte Erzählungen in 6 Bänden. Taschenbuchreihe, Zürich:
    Diogenes, 1985

Martin Schneider (Hrsg.): Erzählungen des russischen Realismus. Von Asakow bis
    Tschechow. Stuttgart: Reclam, 1991

Lew Tolstoj: Der Gefangene im Kaukasus – Eine Auswahl. Goldene Reihe. Berlin:
    Kinderbuchverlag, 1982

Bildnachweis

Über den Verfasser

Martin Schneider, geboren 1953. Studium der Slavistik und Germanistik an der Ruhr-Universität Bochum. 1980 I. Staatsexamen, 1983 Promotion über Sergej Tret'jakov, 1985 II. Staatsexamen. Tätigkeit im Schuldienst und im Kultusministerium NRW. 1996–2002 Leiter des Moskauer Büros der Zentralstelle für das Auslandsschulwesen bei der Deutschen Botschaft. 2000 Habilitation an der Moskauer Lomonosov-Universität (MGU) mit einer Arbeit über die Verbindung komparatistischer und interkultureller Ansätze in der Literaturanalyse. Seit 2002 als Leitender Regierungsschuldirektor in der Schulaufsicht des Landes NRW. Zahlreiche literaturwissenschaftliche und literaturdidaktische Publikationen, Texteditionen, Übersetzungen, Lehrbücher und andere Materialien für den Russischunterricht.

JÜRGEN KLOSE

Kennst du Friedrich Schiller?

Viel wurde schon geschrieben über den großen deutschen Dichter. Doch kein Schiller-Buch ist wie dieses: Um den Leser nicht mit wiederholt Gehörtem zu langweilen, setzt der Autor Jürgen Klose ein gewisses Maß an Vorwissen voraus. Entstanden ist ein Lesebuch der anderen Art. Eine reich bebilderte Biographie und kluge Abhandlung, gewürzt mit Texten von und über den deutschen Klassiker, mit Auszügen aus Briefen und einigen unbekannteren, aber nicht unbedeutenden Gedichten sowie mit wichtigen Szenen aus Schillers dramatischen Werken: »Die Räuber«, »Kabale und Liebe«, »Don Karlos«, »Maria Stuart«, »Wallenstein« und »Wilhelm Tell«.

ROLAND OPITZ

Kennst du Fjodor Dostojewski?

Sein Leben war so spannend wie seine Romane. Es glich einer Achterbahnfahrt: stetig pendelnd zwischen Verehrung und Verachtung, zwischen Erfolg, Spielsucht und Geldnot. Seine Arbeit wurde immer wieder von epileptischen Anfällen unterbrochen. Bereits mit 28 Jahren wurde er wegen revolutionärer Gedanken des Hochverrats angeklagt und zum Tode verurteilt … Er ist einer der großen Erzähler des 19. Jahrhunderts. Er blickt in die menschliche Seele, entblößt ihre Zwiespälte und Abgründe. Nicht umsonst gehört er zu den bedeutendsten Romandichtern der Weltliteratur. Das Buch wurde von der Deutschen Akademie für Kinder- und Jugendliteratur als »Buch des Monats« ausgezeichnet.

ISBN: 978-3-937601-73-1
136 Seiten · 12,80 Euro

ISBN: 978-3-937601-75-5
140 Seiten · 12,80 Euro

www.bertuch-verlag.com